NEUROEDUCADOR

FRANCISCO MORA

NEUROEDUCADOR

Una nueva profesión

ALIANZA EDITORIAL

PAPEL DE FIBRA
CERTIFICADA

© Francisco Mora Teruel, 2022
© Alianza Editorial, S. A., Madrid, 2022
Calle Juan Ignacio Luca de Tena, 15; 28027 Madrid
www.alianzaeditorial.es
ISBN: 978-84-1362-791-5
Depósito legal: M. 5.622-2022
Printed in Spain

SI QUIERE RECIBIR INFORMACIÓN PERIÓDICA SOBRE LAS NOVEDADES DE
ALIANZA EDITORIAL, ENVÍE UN CORREO ELECTRÓNICO A LA DIRECCIÓN:
alianzaeditorial@anaya.es

A aquellos maestros, tantos, y de tantos países
de habla hispana, que han declarado su intención,
si hubiese oportunidad de realizar los propios estudios,
de trabajar como neuroeducadores.

ÍNDICE

PRÓLOGO

Este libro propone la existencia de una nueva profesión, la de «neuroeducador», en el contexto general de ese gran capítulo que es la educación. Es una propuesta inspirada, en su esencia, en la convergencia entre la ciencia y las humanidades, y tiene su fundamento básico en las premisas generales desarrolladas previamente en los libros *Neurocultura* (Mora, 2007), *Neuroeducación* (Mora, 2021) y *Neuroeducación y lectura* (Mora, 2021). Es este un libro escrito con la intención de poner en perspectiva ese inmenso campo abierto que representa la interacción de múltiples disciplinas que se retroalimentan y que darán luz, esperanzadoramente, a nuevos y fructíferos conocimientos acerca de la educación.

Hasta ahora, y a lo largo de mucho tiempo, toda la educación y la enseñanza reglada han tenido como fundamento el pensamiento humanista —la filosofía, si se quiere— como pensar racional e individual. Primero con la escolástica y ya después con ese «andar» que se fue alejando de los constreñimientos del pensamiento religioso. Y es ahora cuando acontece una nueva visión de la educación, con la nueva aproximación nacida de la convergencia entre la ciencia del cerebro —la neurociencia—, otras ramas de la ciencia y la propia educación humanística, es decir, principalmente entre los saberes contrastados que proveen nuestros conocimientos actuales acerca de cómo funciona el cerebro humano y otras disciplinas como son la psicología, la sociología, la ética, la filosofía, la medicina, la genética y la epigenética.

Hoy, en el mundo occidental, tenemos ya por firme que, mientras no demos el salto definitivo que permita reconocer plenamente el valor de la ciencia en la educación, continuaremos anclados en el pasado y con ello retrasando el nacimiento fructífero de nuevos conocimientos inspirados por la luz del pensamiento científico, aquel que debería llevarnos a un más sólido pensamiento crítico, analítico y creativo. Este es el objetivo de este libro al proponer la figura académica del «neuroeducador».

Y siempre tanto por agradecer, y nunca suficiente. Agradecimiento a mis colegas del Departamento de Fisiología de la Facultad de Medicina de la UCM, en particular a Gregorio Segovia, Jorge García Seoane, Asunción López-Calderón y José Antonio García Baró, por tantas conversaciones informales sobre esta temática. A mi editor, Jaime Rodríguez Uriarte, por su magnífica labor y su trato siempre atento. Y desde luego mi agradecimiento a dos mujeres de extraordinario talento. A AMS, que nunca desea, y lo demuestra, protagonismo alguno ni referencia por su labor, y en particular, por el trabajo que ha realizado en este libro, que ha sido enorme. No añado más. Y a Valeria Ciompi, por su amplia visión editorial, su capacidad para otear el futuro y su trato siempre deferente.

INTRODUCCIÓN:
Hacia una nueva cultura

Nuestra visión del mundo está cambiando a un paso acelerado. Estamos ya entrando, si no inmersos, en una nueva cultura. Y esto se debe fundamentalmente a un proceso de convergencia entre conocimientos provenientes de disciplinas antes individualizadas, que ahora se unifican creando con ello nuevas perspectivas y enriquecedoras nuevas ideas. Y en el centro de todo ello está, de modo principal, la neurociencia, y más particularmente la neurociencia cognitiva y sus aportaciones acerca de qué es propiamente el ser humano.

Permítanme hacer unas breves referencias introductorias justificativas del tema. George Steiner (1929-2020), prestigioso pensador de la Universidad de Cambridge, fallecido recientemente (febrero de 2020) a los 91 años de edad, en una espléndida conferencia que dictó en la ciudad de Viseu con ocasión de la apertura de la V Conferencia de Filosofía y Epistemología, que celebraba el 30 aniversario del Instituto Piaget de Portugal, y en la que se le rindió homenaje, señaló con respecto a las culturas:

> Todas las culturas son mortales. Todas las religiones, también. Todas son eventos culturales mortales, como mortales son los hombres que las producen. Y es ahora cuando hay un período de transición. Estamos entrando en la era de la postreligión. El cristianismo va a morirse como ha muerto el marxismo. ¿Qué va a llenar el vacío? ¿Qué nos espera? ¿Qué va a nacer?

Steiner no entró de lleno a contestar estas preguntas, pero sí habló *in extenso* sobre el pensamiento crítico y analítico y el valor de la ciencia como armas intelectuales con las que alumbrar una nueva cultura. Y dejó entrever la idea, no hecha explícita, de la convergencia de culturas, y más particularmente de la convergencia entre esos dos grandes bloques del conocimiento que son la ciencia y las humanidades.

Hace ahora 115 años, Santiago Ramón y Cajal (1852-1934), Premio Nobel de Fisiología y Medicina en 1906, ya dio un sólido fundamento a estos dos grandes pilares que son la ciencia y las humanidades, aunque sin llegar tampoco a hacer explícita la idea de su convergencia. Se tiene registro de una entrevista en 1905 en la que Cajal señaló que, para él, «la raza humana solo ha creado dos valores dignos de estimar: me refiero a la ciencia y el arte (las humanidades)». Por su parte, Erwin Schrödinger (1887-1961), Premio Nobel de Física en 1933, fue quizá ya uno de los autores que arrojó, de modo más explícito, las primeras luces acerca de esa convergencia entre humanidades y ciencia con su libro *Science and Humanism: Physics in Our Time*, publicado por Cambridge University Press en 1951. Como señaló Schrödinger:

> Poco a poco se va imponiendo el conocimiento de que toda investigación especializada únicamente posee un valor auténtico en el contexto de la totalidad del saber. Progresivamente van perdiendo terreno las voces que acusan de diletantismo a quien se atreve a pensar, hablar o escribir sobre temas que requieren algo más que la formación especializada.

Esta reflexión me recuerda a aquella otra plasmada mucho tiempo atrás por Cicerón cuando escribió en su libro *Diálogos del orador* que «será más abundante en el decir quien abrace el círculo completo de las artes y las ciencias». Con todo, sin embargo, fue el físico y novelista Charles Percy Snow (1905-1980) quien, en una influyente conferencia basada en un artículo que él mismo había publicado previamente en la revista *New Statesman* (el 6 de octubre de 1956), hace ya casi 60 años, denunció de modo explícito la dicotomía entre las dos grandes y genéricas culturas de la ciencia y las humanidades. De esta conferencia nació su libro *The Two Cultures* (1959), que, con dialéctica, abrió el camino del diálogo entre ellas.

También Carl Edward Sagan (1934-1996) aportó su reflexión acerca de esta temática: «Cuando intento expresar una emoción en prosa me parece que en mi interior hay un pequeño metrónomo que intenta convertirla en poesía. Yo creo que la ciencia ha sido separada artificialmente de los sentimientos». Por otra parte, Semir Zeki (1940-), profesor del University College de Londres, escribió lo siguiente:

> Toda actividad humana es en último término un producto de la organización de nuestros cerebros y está sujeta a sus leyes. Por eso espero que estos conocimientos puedan aplicarse a las creencias religiosas, la moralidad y la jurisprudencia, aspectos sin duda de fundamental importancia en la búsqueda del hombre para entenderse a sí mismo. Todo ello desempeña un papel crítico en nuestras vidas y está en el corazón de nuestra civilización.

Todas estas referencias deberían llevarnos a aceptar que hoy en día esta nueva perspectiva cultural es un hecho, una realidad. Eric Kandel (1929-), Premio Nobel de Fisiología y Medicina del año 2000, muchas veces evocado como Premio Nobel de Neurociencia, escribió recientemente que «hoy la ciencia ya no es un tema exclusivo de los científicos, sino que se ha convertido en una parte integral de la vida moderna y la cultura contemporánea, dada su implicación en nuestro bienestar individual y social». Y es que la ciencia, como ha señalado por su parte Edward Osborne Wilson (1929-2021), creador de la sociobiología, «es una cultura de ilustración que ha dado con la manera más efectiva, nunca antes concebida, de aprender acerca del mundo real».

En este sentido, y en el contexto amplio de la ciencia, es la neurociencia, como antes he señalado, la rama científica que, arropada por todas las demás ciencias y por las propias humanidades, se encuentra verdaderamente en el centro de esta nueva cultura de la que hablamos. Con todo, sin embargo, debemos otorgarle un papel también nuclear en esta nueva cultura al significado esencial de la evolución biológica para poder entender que la existencia humana no ha aparecido de pronto sobre la Tierra, sino que procede de un largo proceso de azar, determinantes ambientales, necesidades y reajustes que ha durado muchos millones de años, y que, como escribiera el genetista Theodosious Dobzhansky (1900-1975), «nada puede ser entendido en biología si no es a la luz de la evolución».

Sin duda, entre neurociencia y humanismo se da un diálogo tan actual que realmente está saltando más allá de los propios foros académicos. Son psicólogos, filósofos, juristas, abogados, médicos, escritores, físicos, químicos, ingenieros, economistas, teólogos, y por supuesto educadores y un largo etcétera de personas cultas, quienes con entusiasmo señalan lo mucho que hoy interesan estos temas sobre el cerebro para entender propiamente las raíces de las mismas humanidades. Y es que todos nos estamos dando cuenta de que los conocimientos acerca de cómo funciona el cerebro no se quedan circunscritos a los confines y el interés de los científicos, sino que alcanzan, cada vez más en profundidad, a entender la misma esencia del ser humano. Sin embargo, es obligado reconocer también que no todo el mundo piensa de este modo. Hay muchas personas que, por el contrario, afirman que la ciencia, con su frialdad y rigor, ha venido desmenuzando, diluyendo e incluso haciendo perder el misterio y la esencia de lo que significa «ser humano». Frente a esta disyuntiva, la profesora Patricia Churchland (1943-), creadora del término y concepto de neurofilosofía, escribió en 1986:

> Aquellos que suponen que ciencia y humanismo están disociados tenderán a ver las nuevas teorías neurobiológico-psicológicas como una irreparable pérdida de nuestra humanidad. Pero también se puede ver de otra manera. Puede ser ciertamente una pérdida, pero no de algo necesario para nuestra humanidad, sino de algo familiar y bien conocido. Pudiera ser la pérdida de algo que zarandea nuestra familiar comprensión e irrita nuestra intimidad. Pero la ganancia con el cambio puede ser, sin embargo, un profundo incremento de nuestra comprensión de nosotros mismos, lo cual contribuirá a aumentar, en vez de disminuir, nuestra humanidad. En cualquier caso, es un error mirar a la ciencia como planteada en oposición a las humanidades.

Y es de este modo como nace una nueva visión de las humanidades, y al ir añadiendo el prefijo «neuro» a disciplinas clásicas como la filosofía nació la neurofilosofia; y de la ética, la neuroética; de la economía, la neuroeconomía, y de la estética, la neuroestética. Disciplinas que, en general, son ya ampliamente aceptadas. Precisamente la neuroética es un pilar que se comentará brevemente en este libro en relación con el tema principal que nos ocupa: los neuroeducadores. Y es así como se van produciendo cambios de convergencia entre la neurociencia y otras disciplinas de orígenes diferentes en temas tan enormemente relevantes como pueden ser el derecho o la sociología, o incluso la literatura y desde luego la educación, ya mencionada.

A modo de conclusión, me gustaría utilizar de nuevo unas palabras de Erick Kandel que creo son oportunas y relevantes:

> Mientras la ciencia y las humanidades continúen teniendo sus propias y separadas preocupaciones, deberíamos, en las décadas que están por delante de nosotros, llegar a darnos cuenta, más y más, de cómo ambas se generan a través de un diseño computacional común que no es otro que el diseño propio del cerebro humano.

1

MIRANDO LA EDUCACIÓN
CON UNA NUEVA PERSPECTIVA

Tras este título se encierra todo un universo de ideas que, a lo largo de las sucesivas culturas que nos han precedido en la historia de nuestra humanidad, han tratado de arrojar nueva luz y renovar este complejo mundo de la educación. La historia de la educación es realmente un profuso libro que comenzó a escribirse no ya desde esa Grecia clásica o la Roma antigua, tan relativamente cercanas a nosotros y casi siempre punto principal de referencia pensante y maduro sobre estos temas, sino desde unos pocos miles de años más atrás, en ese tiempo de los pueblos mesopotámicos, el antiguo Egipto, China e India. De hecho, el inicio de la educación, o, si se quiere, el comienzo «anónimo» de la instrucción como tal (aprender y memorizar), por mucho que desconozcamos de ello casi todo, podría trazarse en el mismo origen de nuestra especie, en aquellos rincones del sureste de África donde surgió el *Homo sapiens sapiens,* y propiamente con el arranque del lenguaje, hace alrededor de unos 200.000 o 150.000 años (Chan *et al.,* 2019). Educación y enseñanza, esta última, sin duda, basada en esa transferencia de conocimientos de padres a hijos sobre las luchas y quehaceres cotidianos conducentes, fundamentalmente, a cómo sobrevivir mejor.

Pero no es aquí el objetivo trazar ninguna línea especialmente especulativa o histórica sobre la educación en general, ni tan siquiera sobre los eventos notorios ocurridos a lo largo de nuestro tiempo pensante más reciente. Ninguna duda cabe de que, a lo largo de lo que ya consideramos propiamente la historia, casi todo probado pensador (ya fuera filósofo, escritor, psicólogo, sociólogo, médico, científico o de otras y muy diversas profesiones) ha hecho su contribución en este punto. Solo desde una perspectiva personal, arrancada de mis propias lecturas, destacaría nombres como los de Sócrates (470-399 a. C.), Platón (427-347 a. C.), Aristóteles (384-322 a. C.), Cicerón (106-43 a. C.), Séneca (4 a. C.-65), Plutarco (46-120), San Agustín (354-430), La Salle (1651-1719), Rousseau (1712-1778), Vygotsky (1896-1934), Piaget (1896-1980), Freire (1921-1997), Montessori (1870-1952), Giner de los Ríos (1839-1915), Robinson (1950-2020) o Chomsky (1928-), que deberían ser seguidos por una larga y meritoria lista de otros muchos pensadores y educadores. Pero también es cierto que, a lo largo de todo este tiempo, pocos pondrían en duda que toda contribución a la educación y la enseñanza ha sido hecha desde lo que llamamos genéricamente «las humanidades». Unas humanidades de las que se han extraído tantas y tantas valiosas ideas, pensamientos y sentimientos que, acumulados a lo largo de las sucesivas y diferentes culturas, hemos venido aplicando en la construcción de un ser humano mejor. Y resultado de ello es lo que hoy, ahora mismo, y extraído de esas humanidades, tenemos en nuestra cultura, por ejemplo, para definir qué es propiamente la educación.

¿Qué es la educación?, podríamos preguntarnos. Y una respuesta posible sería esta:

En esencia, educar significa hacer mejores personas. Hacer personas honestas. Significa, sobre la base de un reconocimiento de la individualidad universal y diferente de cada ser humano, enseñar, haciendo esa enseñanza siempre emocionalmente comprensible. Por un lado, la instrucción (escritura, lectura y matemáticas, lengua y literatura, biología, historia, etc.), y por otro, propiamente, la educación, que refiere a los valores y normas que deben regir una sociedad, lo que significa el respeto a las personas, la sociedad y las instituciones que las representan. Es decir, construir una verdadera individualidad humana y con ella un alto nivel de pensamiento crítico, analítico y creativo. Y más allá, crear y asumir un verdadero concepto vivencial de lo que son y significan la libertad, la dignidad, la nobleza, la justicia, la verdad, la belleza, la felicidad y un largo etcétera.

Reflejo de todo ello serían, siempre agradeciendo su aporte a las humanidades, nuestras consideraciones actuales (que implican tanto la instrucción como propiamente la educación) dirigidas a abrir la mente de los niños a aquello a lo que su propio y natural impulso «curioso» los empuja y los lleva a descubrir y luego a conocer «cosas nuevas» en el mundo en el que viven, y más tarde, armados con esos conocimientos nuevos, a alcanzar su propia valoración y realización personal. Estas consideraciones están todavía mejor expresadas si utilizamos las palabras de Noam Chomsky. Señaló Chomsky que «un principio fundamental y requisito para un ser humano realizado es alcanzar la capacidad de investigar y crear de forma constructiva e independiente y sin controles externos su devenir personal». Concepto este último que no anda muy lejos de los considerandos de Ken Robinson acerca de la educación (2021). Y continúa Chomsky:

¿Qué queremos en educación? ¿Queremos una sociedad en la que tratamos a los niños como recipientes en los que echamos agua y sale algo, o queremos un sistema educativo que fomente la creatividad, la participación, la cooperación...? Ser verdaderamente educado —sigue señalando Chomsky—, desde este punto de vista, significa estar en condiciones de indagar y crear sobre la base de recursos disponibles que usted ha llegado a apreciar y comprender. Saber dónde buscar, saber cómo formular peguntas serias, cuestionar si una doctrina estándar es apropiada y encontrar su propio camino formulando preguntas que vale la pena seguir y desarrollar el camino para seguirlas... Saber dónde mirar, cómo mirar, cómo cuestionar, cómo desafiar, cómo proceder de forma independiente para afrontar los desafíos que el mundo te presenta... Dar la oportunidad a los niños para que satisfagan su curiosidad natural de manera que les pueda servir para entender cosas sobre el mundo. Esto es lo que un sistema educativo debería cultivar desde el jardín de infancia hasta la escuela de posgrado.

En esencia, Chomsky se refiere implícitamente ya a lo que son los presupuestos básicos de la investigación científica, a los principios elementales de lo que es el método científico. En cualquier caso, a mí me gustaría añadir a todo ello, especialmente tratándose de niños, que todo proceso educativo debería ir acompañado de la emoción de la recompensa, del placer, si queremos que todo ello se realice con «alegría, ese destello hermoso de los Dioses» («Freude, shöner götterfuken») del que escribiera Friedrich Schiller (1759-1805) en su «Oda» y que el mundo enalteció con la música *(Novena Sinfonía)* de Ludwig van Beethoven. Todo esto nos lo recuerda además mi buen amigo Manuel Ángel Vázquez Medel (1956-) cuando escribe sobre ese *Gaudium Vivendi* («alegría de vivir») o *Gaudium Essendi* («alegría del ser») de los maestros de la antigua Roma. Alegría que debería presidir toda enseñanza. Alegría: un estado emocional que debería ir siempre unido a las palabras, envolviendo su significado. Y es que, hasta hace relativamente poco tiempo, y aun hoy en día, ha existido un divorcio entre semántica y emoción de la palabra, tanto en el lenguaje corriente, coloquial, como en el lenguaje formal, hablado y escrito. Cicerón, que defendió una educación liberal, de base amplia y bien integrada, ya hablaba de evitar o curar ese *discidium linguae atque cordis,* esa separación o divergencia entre la palabra (su puro significado, su semántica) y la emoción (el «corazón») que la acompaña (su significado de abrigo y arropamiento emocional). Todo esto se comentará más adelante, en el próximo capítulo, al hablar del significado de la emoción en relación con la cognición y en el contexto de la neuroeducación.

En cualquier caso, es aquí donde se justifica el título que introduce este capítulo. Me refiero a que es precisamente ahora cuando las ideas nacidas de esas mismas humanidades, pero cocidas en el seno de nuestra cultura ya actual, científica, han dado lugar a un cambio de dirección en el pensamiento. Cambio que ha producido un maridaje o convergencia de planteamientos entre disciplinas clásicamente circunscritas al campo de las humanidades y esa otra visión del mundo que es particularmente la ciencia del cerebro, sin olvidar otras disciplinas como, por ejemplo, la biología y las matemáticas o la biología y la física. Esa conjunción ha permitido alcanzar una nueva perspectiva en la educación.

Con todo, sin embargo, habrá que cargarse de enorme modestia y reconocer, mirando hacia atrás, que la historia misma es un largo precedente de esa amplia imbricación o convergencia de diversas materias y disciplinas. Y así encontramos enlazados en esa misma historia temas tan aparentemente diferentes como pudieran ser las matemáticas, la física y la geometría con la armonía y la música, o con el universo y la astronomía, la botánica y hasta la pintura, la literatura o la arquitectura. Todas estas disciplinas han venido interactuando con ese protagonista «geométrico» que las solapa y que es conocido como el «número áureo» o «sección áurea» (también llamado «número de oro», «número de Dios», «razón extrema y media», «razón áurea», «razón dorada», «media áurea», «proporción áurea» o «divina proporción»). Se trata de un número irracional que en honor al escultor griego Fidias (500-431) se representa por la letra griega φ (phi) (en minúscula) o Φ (Phi) (en mayúscula).

Y por su significado para el tema que nos ocupa, me permito extenderme un poco sobre ello. En su modo más simple, la «sección áurea» alude a una proporción concreta en la división de una línea recta en dos partes desiguales, de tal forma que la parte más pequeña está en la misma proporción con respecto a la más grande como esta con respecto al total. Este número o proporción áurea aparece constantemente en la naturaleza, en el crecimiento de las plantas (botánica), en la formación de huracanes (meteorología) o en la forma que toman ciertos moluscos (en el mundo animal). Pero no queda solo ahí, ya que también aparece, como he indicado antes, en muchas otras disciplinas. Tomemos como ejemplo su reflejo en el arte, y así lo encontramos en la obra de artistas como Leonardo da Vinci o Alberto Durero. Ambos lo utilizaron como sinónimo de belleza y proporción. Igualmente en la arquitectura: valiosos ejemplos de ello son la Gran Pirámide de Keops en Egipto, el Partenón de Atenas o la catedral de Notre Dame y la Torre Eiffel en París.

Curiosamente, ya en el siglo xx, en 1959, Eugene Paul Wigner (1902-1995), Premio Nobel de Física en 1963, planteó en una conferencia en la Universidad de Nueva York «la irrazonable eficacia de la matemática en las ciencias naturales», tema que para él rozaba el misterio y para el que no hallaba explicación racional. Muy recientemente (en septiembre de 2021), Marta Macho Stadler (1962-), matemática y profesora de topología en la Universidad del País Vasco, ha publicado el libro *Matemáticas y literatura,* ante la relación «increíble» de disciplinas aparentemente tan alejadas (la matemática, una fría materia deducible de reglas establecidas, frente a esa otra —la literatura— que surge de la emoción, la imaginación o la inspiración). Esta autora muestra la relación existente entre ambas en textos literarios de cualquier género (ya sea poesía, relato, novela, etc.). Un «mestizaje entre matemática y literatura» que puede, en el aula, hacer posible disfrutar y aprender ambas materias.

Es en todo este contexto en el que encuentro relevante señalar los cambios que en las enseñanzas de ESO y Bachillerato se están empezando a introducir en este último sentido. De hecho, en la nueva ley de educación, conocida como «Ley Celaá» (la LOMLOE o «Ley orgánica de modificación de la LOE»), se habla de una «fusión de asignaturas», nueva dimensión que ha venido a conocerse como «aprendizaje por ámbitos de conocimiento». Es decir, una conjunción o agrupamiento de dos o incluso tres asignaturas en algunos casos cuya hibridación, utilizando una terminología química o botánica, da lugar a otra nueva disciplina con nuevas ideas y reflexiones, y con ello nuevos conocimientos capaces de retroalimentar y enriquecer los conceptos antes vertidos en las asignaturas individualizadas. En los centros educativos de la Comunidad Valenciana, por ejemplo, estos «ámbitos del conocimiento» ya han dado lugar a la fusión de asignaturas que acabo de mencionar (por ejemplo, con la conjunción de biología y matemáticas). Uno podría ahora preguntarse: ¿qué tiene que ver la matemática con la biología para impartirlas juntas? Si se reflexiona un poco, podríamos ver que en el enorme y extenso campo de la biología, y, dentro de él, en la observación de un determinado fenómeno (sea en un ser unicelular, un vegetal o un animal), el fundamento de sentido y reproducibilidad científica de lo observado no solo se obtiene de las consideraciones individualizas de esa observación, sino de los resultados de un tratamiento de análisis matemático, estadístico, tras múltiples observaciones del fenómeno en muchos otros especímenes. Es decir, comprobando matemáticamente si lo observado es «estadísticamente significativo» y también sus grados de significación. Es esto último lo que permite extraer el valor de lo observado y la reproducibilidad de lo observado.

Esta nueva perspectiva, enfocando la enseñanza por «ámbitos de conocimiento», bien podría potenciarse si a los niños se les diera la oportunidad de satisfacer su curiosidad natural (aspecto que acabamos de señalar en este mismo capítulo) realizando actividades creativas de modo que entiendan y extiendan los infinitos aspectos del mundo que les rodea. Y volviendo, de nuevo, a Noam Chomsky, recordando su reciente intervención en el programa *Aprendemos juntos* (2 de abril de 2020), cuando comentó un proyecto, ya en marcha, en el que se formula a los alumnos preguntas creativas, sugirió plantear preguntas en las que se interrelaciona biología con otras materias, en este caso la física: «¿Cómo vuela un mosquito, bajo la lluvia?» era una de estas cuestiones. Y es que *si* se calcula la presión que una gota de lluvia ejerce sobre un mosquito, se descubre que es tan grande que (proporcionalmente) aplastaría a un ser humano. Estudiarlo, y tratar de resolver el problema planteado, obliga al estudiante a aprender un poco de física y, también, un poco de biología. Y esto se puede hacer con infinitas combinaciones y proyectos similares. Es más, una prueba que ha demostrado el valor de las matemáticas en su convergencia con la biología la tenemos todos como prueba tangible de lo ocurrido en los dos últimos años. Las matemáticas y la estadística han generado modelos de enorme ayuda que permiten conocer cómo se propaga una epidemia y cómo calcular la eficacia de nuevos medicamentos o planificar una campaña de vacunación.

En cualquier caso, quizá también cabría preguntarse: ¿pero acaso esto mismo no es posible hacerlo asociando y estudiando las dos disciplinas separadamente? ¿Acaso no se ha hecho esto así hasta casi hoy mismo, alcanzando con ello los más altos grados de descubrimientos en una y otra disciplina? La contestación a ello, sin expandirnos demasiado filosóficamente (como quizá mereciera el problema), es que sí, pero no del todo. Quiero decir que con la fusión de ambas disciplinas se alcanza desde el primer momento una asociación de dos realidades, creando una cierta «realidad con nuevos matices». Y ya desde una perspectiva educativa práctica, está bastante claro, al menos para mí, que presentar la enseñanza de la matemática o la física junto a la de la biología provee a la primera de un significado menos árido y abstracto, más atractivo, «más amigable», más lleno de significado y sentido.

Ciertamente, quiero añadir que el origen de esta fusión de asignaturas en el colegio también tiene una dimensión práctica, que es la reducción del número de asignaturas y tiempo de enseñanza dedicado al alumno. Precisamente, en una entrevista concedida al diario *El País,* Antoni Picornell, presidente de la Asociación de Directores de Institutos Públicos de la Comunidad Valenciana, al ser preguntado acerca de su visión de estos cambios que se avecinan, señaló al periódico que

> la visión que tenemos es positiva. Piénsese que los alumnos que llegan a primero de la ESO vienen de tener un tutor y ocho o nueve asignaturas a tener once y doce materias y otros tantos profesores, cada uno con sus formas de enseñar diferentes. A nivel pedagógico y metodológico, me parece que es una apuesta muy interesante, un paso adelante hacia un aprendizaje más competencial *(El País,* 31-5-2021).

En la línea de todo esto, el pasado año (2020) se ofreció en la Universidad Complutense de Madrid un máster titulado «Ciencia y Filosofía: Construyendo el futuro», dirigido por las profesoras Julia Téllez y Ana Rioja. En este curso, en el que tuve la oportunidad de hablar durante dos días de la convergencia de culturas y también de neuroeducación (como expresión directa de este concepto en cuanto a la convergencia entre neurociencia y educación), señalé que se trataba de un máster pionero en la universidad española. En este curso, precisamente, pudimos hablar de esa convergencia de disciplinas como fuente de nuevos conocimientos. Y fue también en este curso donde traté de aventar la idea de la posible creación futura en las universidades de departamentos que alberguen docencia e investigación en esas nuevas disciplinas y aun también de una facultad que albergara másteres y grados en esta nueva línea académica que estamos comentando. Precisamente esto último fue lo que me llevó a destacar lo acertado del subtítulo del máster: «Construyendo el futuro».

Queda claro, pues, que se comienza a crear, con pie firme, un consenso amplio en cuanto a esa necesidad de construir puentes entre diferentes campos del saber. Puentes que nos permitirán alcanzar, como punto principal, no solo aspectos como los señalados más atrás, sino nuevos conocimientos que nos lleven, y de forma más sólida, a descifrar lo que verdaderamente somos como seres humanos. Me refiero con ello a conocimientos fundamentados en el pensamiento crítico y analítico, y, desde luego, creativo y científico, acerca de lo que sentimos, hacemos, aprendemos, memorizamos, pensamos y creamos. Ello debería llevarnos a alcanzar nuevas metodologías que nos conduzcan a su vez a una buena y mejor docencia en la enseñanza y el aprendizaje de la instrucción y la educación.

Y es que, hasta hace muy poco, las teorías acerca de cómo se aprende algo se han basado, en su mayor parte, en observaciones de la conducta y su generalización sin un añadido básico acerca del sustrato biológico, neuronal, que las crea. Es ahora cuando los educadores han comenzado a tomarse en serio el papel del cerebro, y sobre todo de cómo este funciona. De entrada, hay que señalar que el cerebro utiliza ingredientes y tiempos diferentes en cada ser humano, y de ahí el valor, en el contexto de una clase, de una enseñanza personalizada, individual. He aquí una visión futura de la educación y la enseñanza. No es que de esto no se haya hablado ya, pues muchas veces se ha hecho de modo intenso y hasta profuso, cuando se trata de las características personales de ciertos niños en la clase, sino que ahora esto mismo viene definitivamente determinado por nuestros conocimientos procedentes de esas disciplinas que son la neurociencia, la neurología y la psicología. Ello ha conducido a que nos diésemos cuenta, de modo firme, de que el ser humano es único, nunca repetido, diferente a cualquier otro ser humano, producto de sus propios genes, su cerebro y, sobre todo, del medio familiar, social y cultural en el que vive, también diferente a su vez, lo que nos lleva a dar solidez «vivencial» a esa realidad «ética» de que el «otro» es también un ser como nosotros mismos. Hoy estamos comenzando a entender la importancia sobresaliente de estudiar y conocer cómo funciona el cerebro de cada estudiante en el proceso de aprendizaje. Tema que está, y estará, en el centro de interés de todos los círculos contemporáneos de la enseñanza, ya que, como acabo de reseñar, se espera con ello obtener conocimientos más sólidos que den lugar a la creación de nuevas técnicas y herramientas útiles para la educación en el colegio.

Se hace así obligatorio ser ya definitivamente consciente de esa realidad que significa la verdadera individualidad de cada uno, si queremos avanzar hacia una mejor educación. Y de ello nace la necesidad de reforzar una mirada permanente hacia el estudiante como ser diferente en su cuerpo, cerebro y mente a cualquier otro alumno de la clase. Aspecto este último que debería orientarse a través de una estructura tutorial, personal. De esto, sin duda, se puede aprender mucho de colegios «elitistas», como bien pudiera ser, como ejemplo centenario, el colegio Eton de Cambridge. Es en estas guías tutoriales en donde se podrían orientar aspectos complejos de una educación acorde con las características emocionales y cognitivas de cada estudiante.

Que la educación es centralmente decisiva para el ser humano y la construcción de su personalidad y su saber «ser» y «estar», sus hábitos éticos y valores, y lo que con su sentir y pensar expresa en su conducta en relación con los demás, es más que evidente desde «casi» siempre. Pues bien, el camino hacia delante de esta siempre provisional «verdad» se encuentra en conocer más y más cómo todo ello es construido por nuestro cerebro, con la esperanza «radical» de que nos lleve a un cambio profundo en esa misma educación.

El deseo en aumento por una educación «basada en la evidencia» ha coincidido con un período de progreso tremendo en el campo de la neurociencia que ha captado un enorme interés público general con sus logros, y ello ha llevado a un debate, ya en marcha, acerca de la potencialidad de la neurociencia para propiciar una reforma de la educación (E. Stern, 2005).

Pues bien, en los pocos años transcurridos desde entonces hemos ido viendo el progreso de ese interés público en lo que representa hoy la «neuroeducación» en su entronque con tantas otras disciplinas y, más recientemente, con la enseñanza digital, la inteligencia artificial y la robótica (tema este último del que volveremos a hablar más adelante en relación con el papel posible y real de los robots «humanoides» o «sociales» en las «tutorías» que acabamos de mencionar).

2

NEUROEDUCACIÓN
Algunas consideraciones relevantes

Y de todo lo precedente ha nacido la neuroeducación. La neuroeducación es un área de conocimiento nueva que se desarrolla y evoluciona en paralelo al devenir central de nuestros conocimientos acerca de cómo funciona el cerebro (neurociencia) en conjunción con la psicología, la medicina y también la sociología, la neuroética, la genética y la epigenética. Pero no solo de todo esto, sino también del progreso de nuestros conocimientos acerca de la evolución biológica y en particular de la neuropaleoantropología. Esto último debiera alumbrar además, y específicamente en relación con el cerebro, la realidad de quiénes somos, es decir, de nuestra verdadera naturaleza biológica y nuestro verdadero lugar en el mundo, alcanzando con ello nuevos y fructíferos conocimientos en el campo de la materia que nos ocupa, que es la educación.

Ya, de entrada, deberíamos reconocer los enormes limitantes que todavía existen cuando se trata de correlacionar la «física» o la «química» del cerebro con la educación (o con disciplinas humanísticas en general, y desde luego con los procesos mentales). Es decir, correlacionar la subjetividad humana que es la cognición (razón, pensamiento, sentimientos, etc.) con datos físicos y químicos (potenciales eléctricos y neurotransmisores), anatómicos y fisiológicos (interacción funcional de neuronas basada en sus conexiones físicas y químicas con las células de la glía). Y todo ello conformando la compleja estructura funcional de las redes neuronales. Sobre ello se ha escrito mucho, particularmente desde la filosofía y la psicología y en el contexto del así llamado, universalmente, problema «cerebro-mente». De modo relativamente recientemente ha vuelto a renacer esa discusión, ese diálogo difícil, pero esta vez en el amplio marco social que incluye a científicos, psicólogos y los propios educadores (maestros y profesores) junto con sociólogos, estudiosos de la ética y filósofos y, desde luego, políticos y legisladores.

Como ejemplo de esos principios de diálogo y de las dificultades del posible maridaje concreto entre educación y neurociencia quisiera resaltar ahora por su relevancia la reunión que tuvieron en Santiago de Chile (Universidad de Chile) en el año 2007 un conjunto de neurocientíficos, psicólogos cognitivos y educadores de varios países del mundo para tratar de encontrar luz acerca de cómo la ciencia del cerebro podría transformar la educación. Tal reunión se hizo bajo el título de «Early Education and Human Brain Development», tema de calado, como sin duda lo es la educación en infantil y primaria. De esta reunión se publicó ese mismo año una pequeña reseña crítica titulada «The Brain/Education Barrier» en la revista científica *Science*. De ella entresaco este parágrafo:

> En el primer día de la conferencia ya quedó claro que los mitos sobre la pedagogía basada en el cerebro dominaban el pensamiento de los participantes. Los educadores buscaban en la ciencia del cerebro información sobre qué tipo de enseñanza preescolar sería el más efectivo, si los niños estaban seguros en el cuidado infantil y cuál era la mejor manera de enseñar a leer.

Sin embargo, la investigación sobre el cerebro presentada en la conferencia de ese mismo día fue, al parecer, «muda» sobre estos temas. El resumen de esta conferencia fue el siguiente:

Sin embargo, la ciencia del cerebro, que todavía está perfeccionando los métodos para analizar su desarrollo temprano, no está preparada para relacionar los procesos neuronales con los resultados en el aula. Con todo, la investigación actual sobre el cerebro ofrece un papel prometedor para un futuro en el que los modelos en desarrollo y las teorías del aprendizaje se puedan refinar en función del avance en los conocimientos acerca de cómo los sistemas cerebrales son «base» de los procesos de aprendizaje.

En esta reunión, no obstante, se alcanzaron puntos interesantes que fueron presentados y publicados (y que quiero aquí resaltar) en la llamada «The Santiago Declaration» (www.SantiagoDeclaration.org). De los ocho puntos de esta comunicación, y en relación con esa convergencia entre neurociencia y educación, destaco los puntos 7 y 8 y la misma declaración final. El punto 7 señala:

> Los principios enunciados anteriormente (puntos 1 al 6) se basan principalmente en los hallazgos de la investigación social y de la conducta, pero no en la investigación del cerebro. La investigación neurocientífica en esta etapa del desarrollo no ofrece pautas científicas para la política, la práctica o la crianza de los hijos.

El punto 8, por su parte, expone:

> Sin embargo, la investigación actual del cerebro ofrece un papel prometedor para el futuro. Los modelos de desarrollo y nuestra comprensión del aprendizaje serán ayudados por estudios que revelen los efectos de la experiencia en los sistemas cerebrales que funcionan en conjunto. Es probable que este trabajo mejore nuestra comprensión de los mecanismos subyacentes al aprendizaje.

Y ahora ya, expongo la declaración final de esta reunión:

Nosotros, los abajo firmantes, reconocemos que la agenda política y las fuerzas del mercado a menudo proceden sin un aporte significativo de la ciencia del desarrollo infantil. Dadas las necesidades manifiestas de muchos niños en todo el mundo, el estado actual de conocimiento y el consenso con la ciencia del desarrollo, la brecha entre el conocimiento y la acción debe cerrarse. Los datos científicos y la práctica basada en la evidencia deben ser parte integral del diálogo global en curso.

Todo esto, referido a un tema concreto (infantil y primaria) de los muchos que se presentan en educación, nos da una idea del estado o situación inicial de esta preocupación internacional acerca de la convergencia entre neurociencia y educación. Una actualización y revisión de este estado de la neuroeducación en una más reciente y amplia perspectiva temática puede verse en los libros, que ya cité en la introducción, *Neuroeducación: Solo se puede aprender aquello que se ama* (Mora, 2013; última edición 2021) y *Neuroeducación y lectura: De la emoción a la comprensión de las palabras* (Mora, 2020).

En cualquier caso, ahora mismo, con lo que conocemos acerca de cómo funciona el cerebro, cabría preguntarse: ¿se pueden mejorar la enseñanza y la propia educación desde estas nuevas perspectivas de la neuroeducación? Y la respuesta es, claramente, «sí». Voy a exponer brevemente y a modo de ejemplo tres puntos que avalan esta contestación. Uno se refiere a la capacidad de resolver los problemas derivados del padecimiento por los niños de diversos síndromes cerebrales que interfieren en el seguimiento normal de las clases (aprendizaje y memoria); ejemplo de ello podrían ser síndromes como la dislexia o la disgrafía, o la hipermotilidad y los déficits de la atención. Los otros dos argumentos son de perspectiva, podríamos decir, algo más «fisiológica». Por un lado, el papel relevante que desempeña la maduración de los circuitos neuronales que codifican para el aprendizaje de la lectura (como proceso recompensante, placentero y sin sufrimiento) y, finalmente, por otro lado, el tercero de estos tres puntos afecta a nuestro conocimiento actual acerca de la función, enormemente relevante, de la emoción en la conducta y los procesos cognitivos en el contexto de la educación.

En relación con el primero de los tres puntos, centrémonos, muy brevemente y como ejemplo, en el caso de la dislexia solo para señalar que hoy conocemos bien (gracias a los muchos estudios realizados utilizando en particular la resonancia magnética funcional) las alteraciones de los substratos neuronales y funcionales del territorio de Wernicke en el hemisferio cerebral izquierdo y su correlato en el hemisferio cerebral derecho. A raíz de esos conocimientos, sabemos que el padecimiento de este síndrome se debe fundamentalmente, al menos referido al tipo denominado dislexia común, a un problema fonológico y no a un trastorno visual, como durante mucho tiempo se pensó. Se trata de una disfunción en los procesos de descodificación del grafema a fonema en esas áreas del cerebro (territorio de Wernicke), es decir, las señales acústicas no son bien procesadas, lo que da como resultado una incapacidad del niño para discriminar los sonidos de palabras y sílabas (que para él se suceden con excesiva rapidez). Hoy se conocen tratamientos específicos capaces de resolver estos problemas bastante satisfactoriamente. Obviamente no es este el momento de desarrollar en detalle estos procesos, sino solo de remarcar los enormes beneficios que se extraen ya acerca de esta relación cerebro-educación (este punto será tratado, de nuevo, en el contexto de las labores y responsabilidades del «neuroeducador» expuestas en el capítulo 6).

El segundo ejemplo trata acerca del debatido tema de la edad ideal a la que los niños deberían comenzar la enseñanza reglada de la lectura. Ya mucha gente sabe que, si bien algunos niños comienzan a poder leer bien a la edad de 3 años, como fue el caso extraordinario del británico John Stuart Mill (quien no solo a esa edad leía «de corrido», sino que a los 7 años también, al parecer, podía leer a Aristóteles en griego clásico), otros no pueden hacerlo, al menos bien y con facilidad, hasta la edad de 4, 5 o 6 años. Y es que hoy la neurociencia nos enseña que cada una de las principales áreas que codifican para la lectura (principalmente el territorio de Wernicke en sus áreas de Brodmann 39 —giro angular— y Brodmann 40 —giro supramarginal—, responsables de la descodificación de los aspectos visuales de las palabras en sonidos —grafema-fonema— y de su significado —semántica—) tiene tiempos diferentes de desarrollo y «maduración» en cada niño, tanto para la organización neuronal-sináptica como para la mielinización de sus axones y, con ello, para la eficiencia de la comunicación neuronal entre ellas. Esto justifica, como hemos señalado para el caso de Stuart Mill, que pueda haber niños con capacidad para leer a los 3 años pero otros tengan que esperar a los 4, 5 o 6 años debido a esa diferencia en la «maduración» neuronal de las áreas que acabamos de mencionar. De hecho, al parecer, es alrededor de los 6-7 años cuando termina de completarse este proceso de maduración en casi todos los niños. Esto justificaría, de nuevo lo reitero, el hecho diferencial de las edades de los niños para poder aprender bien y felizmente a leer. Y como corolario, que haya niños que sufran en este aprendizaje cuando lo hacen a una edad en la que su sustrato cerebral no está preparado. De ahí la sugerencia de que lo ideal para un colegio sería que todos los niños comenzaran a aprender regladamente a leer a partir de los 6 años. Con todo, lo ideal sería que cada niño comenzara a leer cuando él mismo mostrara su disposición para hacerlo y demostrara ser capaz de hacerlo con placer y alegría.

Y este ejemplo de la lectura es solo uno, dado que todas las áreas y redes del cerebro que codifican para funciones específicas tienen un tiempo de desarrollo diferente a lo largo del arco vital de la persona. Por ejemplo, las áreas de la corteza prefrontal (lo que incluye a la corteza frontopolar, la prefrontal medial y las áreas orbitofrontales) son un amplio territorio neuronal que codifica para las más altas funciones mentales; me refiero a los sentimientos, los pensamientos en general y en particular lo relacionado con la ética. Pues bien, estas son áreas que, en la mayoría de los seres humanos, no terminan su desarrollo hasta los 25-27 años de edad y por tanto son variables en sus funciones dependiendo de esas edades.

El tercer ejemplo se refiere a la emoción y al significado, como parte de ella, de la curiosidad. La emoción es esa férrea y poderosa fuerza inconsciente, millonaria en años de evolución, salvaguarda y guardiana perseverante de nuestra existencia. Nadie, o muy pocos entendidos en educación, discutiría el papel, cada vez más relevante, de la emoción en la enseñanza. Yo sostengo que la emoción es «esa energía» que mueve el mundo vivo. Piénsese que los primeros trazos neuronales de lo que llamamos «emoción» ya se pueden detectar, a lo largo del proceso evolutivo, en los ganglios neuronales de los invertebrados (en relación con la función de un neurotransmisor que es la dopamina), y ya, por tanto, antes de la propia aparición del cerebro, hace unos 450 millones de años. Y es que las bases neuroanatómicas de la emoción, ya estructurada de forma básica pero completa en el mamífero, es decir, conformando «un sistema límbico primitivo» (anatómicamente bien definido y delimitado de neuronas y núcleos), aparecieron hace unos 250 millones de años. Es más, y si se me permite el inciso, el origen evolutivo «molecularmente oscuro» de las emociones bien pudiera arrancar desde mucho tiempo antes de los invertebrados: me refiero a los seres unicelulares que vivieron hace casi mil millones de años. Pensemos por ejemplo que en el diseño más elemental y simple de la conducta de los seres unicelulares ya se encuentran funciones tan complejas como la capacidad de detectar la intensidad de la luz y el calor y la humedad del medio ambiente y, por tanto, de acercarse o alejarse de la fuente de esas energías, lo que representa los rudimentos moleculares básicos del movimiento en relación con el «refuerzo» y el «castigo» y, añadido a ello, por supuesto, la capacidad de dividirse y reproducirse (Gisolfi y Mora, 2000). Es evidente por lo tanto que los ingredientes básicos de lo que luego será codificado en el sistema nervioso de los seres pluricelulares como mecanismos de supervivencia (emoción), tanto del individuo como de la especie, ya se encuentran en los seres vivos más elementales, completamente desprovistos de tejido nervioso.

Debo señalar que, si vuelvo a escribir de nuevo sobre la emoción (Mora, 2001, 2002, 2020, 2021), y en especial ahora, en este libro, es porque se trata de un tema enormemente destacado en el contexto no solo de la propia neuroeducación sino en el de la propuesta que aquí se hace: la nueva figura profesional del neuroeducador. Todos los docentes sabemos que ya no se puede enseñar nada abstracto (ideas y conceptos), es decir, más allá de lo sensorial, si el que aprende no se encuentra en un estado emocional especialmente receptivo hacia aquello que se le va a enseñar. Del mismo modo, también depende de la capacidad docente de quien lo enseña, así como del «formato» que se utiliza en esa enseñanza (presencial o digital). Y es muy evidente que el estado emocional del maestro o profesor que enseña es fundamental, y no solo en lo que respecta a lo personal, sino en cuanto a cómo vehiculiza al alumno la materia que enseña. Todo esto implica un estado emocional placentero en el discente, pero también en el propio docente, pues ya todo el mundo reconoce que «la letra con sangre no entra». Y por eso no habría que dejar de mencionar el otro platillo de esa balanza que es la emoción, en el que se encuentran el dolor, el castigo, el miedo. Con la alegría, el placer y la recompensa, lo aprendido perdura. Con el miedo, lo aprendido tiende a olvidarse pronto. Es con la alegría y la curiosidad como se despierta la atención hacia el aprendizaje de los conceptos, las ideas y los abstractos, mientras que con el miedo se apaga. Lo cierto es que «la letra ni con sangre, ni con castigo ni con miedo entra», a lo que habría que añadir que «... si lo hace, poco perdura». Y será importante no olvidarlo, pues, en general, solo se puede aprender «bien» aquello que se ama, aquello que te «dice algo», aquello que «te abre los ojos».

Hoy ya se conocen casos de colegios y maestros que son muy conscientes de todas estas «realidades» y «hablan» de la necesidad de crear una «distensión constante» en el centro escolar, de potenciar la espontaneidad y con ella alcanzar la resolución de posibles psicopatologías tempranas. Esta conciencia de la existencia del miedo como un elemento negativo en la clase comienza a tomar cuerpo «de realidad», y ello debería ser aprovechado como un primer paso desde el que el niño pequeño comienza su socialización en preescolar y luego en primaria. De hecho, son ya muchos pensadores de la educación los que defienden con denuedo que ya está el momento maduro para prestar atención a estos fenómenos y abogar de modo firme por una «pedagogía de la alegría» —como hemos declarado, quizá algo reiteradamente, en el capítulo anterior— frente a la «pedagogía del miedo», para sacar con ello el máximo potencial emocional del niño abriendo de par en par las ventanas de su autoestima.

Pero volvamos a recapitular y dejemos firme lo concerniente a la relación entre emoción y cerebro y su trascendencia para entender mejor el papel del futuro neuroeducador. ¿Qué es propiamente una emoción? ¿Cuál su verdadera relevancia cerebral y conductual para entender bien su papel en la educación (cómo se aprende y memoriza y en lo que se aprende y memoriza mejor)? Desde la neurociencia, y más particularmente desde la neurociencia cognitiva, nos estamos dando cuenta de que todo lo que vemos, todo lo que oímos, tocamos, olemos o gustamos, en definitiva, todo lo que somos capaces de captar por nuestros sentidos, lo hacemos a través de los filtros emocionales del cerebro. Esto quiere decir que los elementos básicos del pensamiento, las ideas, se construyen en las redes neuronales de las áreas de asociación de la corteza cerebral no de un modo aséptico y directo (es decir, con una información directa procedente de las vías y áreas sensoriales), sino indirectamente, a través de un procesamiento previo en el «sistema límbico» o «cerebro emocional». Y así, esa construcción cerebral de las ideas ya se realiza con un «tinte» o «colorido» emocional que precede al procesamiento cognitivo de las áreas de asociación del cerebro. El cerebro, por tanto, no construye el pensamiento sin la emoción (Mora, 2008). Y es que el ser humano, en su raíz más profunda, es un ser emocional primero y cognitivo después. Como señalaba Edward Osborn Wilson en su libro *Sobre la naturaleza humana*: «Sin el estímulo y la guía de la emoción, el pensamiento racional se enlentece y desintegra. La mente racional no flota por encima de lo irracional, no puede liberarse y ocuparse solo de la razón pura».

La emoción (léase placer, recompensa, dolor, castigo, agresión...) es el escudo protector máximo de la supervivencia biológica y, con ello, lo que mantiene vivo y competitivo al hombre en su relación con los demás. Es más, la emoción en el ser humano es, posiblemente, uno de los fundamentos más profundos de su ser y estar en el mundo. Así lo señaló el propio Charles

Darwin (1809-1882): «El lenguaje de las emociones es por sí mismo, y sin lugar a dudas, muy importante para el bienestar del ser humano». Y también Charles Sherrington (1857-1952), Premio Nobel de Fisiología y Medicina en 1932, lo reforzó cuando escribió: «Sin emoción, el hombre ni siquiera podría soñar hacer las cosas que sueña».

Pero ¿de qué hablamos propiamente cuando hablamos de emociones y sentimientos? Emoción quiere decir, en esencia, movimiento. Es decir, expresión motora hecha a través de la conducta, sea esta lenguaje verbal o simplemente corporal. William James (1842-1910), ya en 1884, al preguntarse qué era una emoción, contestó de modo tan simple como que «la emoción es una respuesta del organismo ante determinados estímulos del medio ambiente». Con todo, sin embargo, nada mejor para entender qué es una emoción que la descripción de lo que ocurre y se siente cuando se experimenta: por ejemplo, imagínese a usted mismo sentado plácidamente en el banco de un parque tomando el sol y de pronto un perro enorme, babeando y enseñando agresivamente los dientes, parece presto a abalanzarse sobre usted. Ante aquella fuente de peligro, el cerebro, la mente y el cuerpo como un todo sufren un cambio brusco, inmediato. Usted se apresta o bien a echar a correr, o bien a luchar y defenderse, o bien a esconderse. Su foco de atención (atención de alerta) se centra ahora en el perro. Su corazón golpea fuertemente el pecho y respira más deprisa y más profundamente, y su musculatura se tensa al completo. Su cuerpo (lo que incluye su cerebro) experimenta miles de cambios, sensoriales, motores, cognitivos, endocrinos y metabólicos. Está usted ante una fuerte reacción emocional. Lo descrito, sin embargo, no es más que un tipo de reacción emocional. Hay otros. Por ejemplo, la reacción emocional ante determinados estímulos placenteros, sean estos un buen plato de alimentos cuando se está hambriento o la propia sexualidad, con pareja receptiva. Tanto las reacciones ante el dolor (peligro) como ante lo placentero (comida o sexo) ocurren en cualquier especie animal y son inconscientes, incluso en el ser humano. Es decir, estas conductas (correr, atacar, esconderse) ocurren antes de que nos apercibamos conscientemente de ellas (en el caso de la visión del perro agresivo, nuestro cuerpo reacciona mucho antes de que nosotros tengamos una visión consciente de la situación). El hombre, además, experimenta, de modo único y diferente frente a cualquier otro ser vivo en toda la escala animal, una sensación consciente, un sentimiento. Sentimiento consciente que es lo que nos hace «saber» que tenemos miedo o experimentamos placer en sus muchas variables. Sentimiento consciente, me permito repetirlo, que (más allá de las discusiones sobre los sentimientos en los chimpancés) solo experimenta en su plenitud el ser humano.

Las emociones y los sentimientos y sus definiciones y descripciones tienen una larga historia. En el *Diccionario de Neurociencia* de Mora y Sanguinetti (2004) se recoge una definición concisa:

> Una emoción es toda reacción conductual y subjetiva producida por una información proveniente del mundo externo o interno (memoria) del individuo que se acompaña de fenómenos neurovegetativos. El sistema límbico es parte importante del cerebro relacionado con la elaboración de conductas emocionales.

Para Rolls (1999), «las emociones son parte de un sistema (cerebral) que ayuda a distinguir cierta clase de estímulos recompensantes o de castigo y que sirven para actuar en el mundo. Este sistema proporciona o sirve de interfase entre tales estímulos y las conductas correspondientes». Se entiende, como además así se desprende de los ejemplos dados anteriormente y nos

NEUROEDUCACIÓN: ALGUNAS CONSIDERACIONES RELEVANTES

lo enseña la experiencia de todos los días, que las propias recompensas, como un buen plato de comida cuando se está hambriento o un halago personal, producen un estado emocional de bienestar. Al contrario, el ataque de un enemigo, de un peligro con amenaza vital o social, crea un estado emocional de malestar. De igual modo, el no obtener una recompensa o el placer de algo que esperábamos recibir crea un estado emocional de frustración y posible rabia o, por el contrario, de bienestar, cuando un castigo que estábamos esperando es eliminado. Es así como tanto las propias señales de recompensa y castigo como los cambios de estas señales como omisión o terminación de estímulos recompensantes (placenteros) o de castigo pueden crear diferentes estados emocionales.

Analizar las funciones de las emociones al nivel de la conducta nos sirve para rastrear su substrato anatómico y fisiológico en las vías neuronales y los circuitos del propio cerebro (y también neuroendocrinos) y sus correlatos cognitivos y mentales. Una breve reseña histórica de estos conocimientos y sus teorías incluye los nombres de Broca (1824-1880), Cannon (1871-1945), Papez (1883-1958), McLean (1913-2007), Damásio (1944-), LeDoux (1949-) y Rolls (1945-). Numerosos estudios experimentales nos han llevado a saber, de una forma más concreta, que las áreas cerebrales que codifican información sobre emoción y motivación se encuentran localizadas no solo en el propio «cerebro límbico» o «cerebro emocional», sino también en la ínsula y en diferentes áreas de la corteza cerebral (corteza cingulada y orbitofrontal principalmente) y por debajo del manto cortical en áreas como el tronco del encéfalo. Los códigos neuronales escritos en estas áreas que codifican para la emoción son puestos en marcha por la entrada de información sensorial, que es la que detecta y alerta sobre los fenómenos que suceden en el medio ambiente y que son causantes de la respuesta emocional (el perro agresivo o un buen

plato de comida, que ya pusimos como ejemplo). En una apreta-
da síntesis final se podría decir que las respuestas emocionales se
expresan en la conducta y vienen generadas por la actividad del
sistema motor, y, con él, la expresión conductual inconsciente
de gestos, mímica y expresiones corporales, lo que se acompaña de la descarga del sistema vegetativo simpático (agresión) o
parasimpático (comida) y todo el correspondiente acompañamiento del sistema hormonal (hipotálamo). Y más allá, a través
de la activación troncoencefálica de los sistemas y vías neurales
neurotransmisores (principalmente mediados por el neurotransmisor dopamina) que determinan las respuestas de placer o refuerzo. El salto último en este procesamiento se encuentra en los
circuitos o redes neuronales de la corteza cerebral de asociación,
generadores del acto de toma de consciencia de esa emoción que
es el sentimiento de «ser conscientes» de lo que nos está sucedien-
do, que es el sentimiento propiamente dicho.

Todo esto nos llevaría a poder decir que la emoción alcanza
a «embeber» no solo casi todas las áreas, redes y circuitos neuronales que codifican para las funciones vegetativas y autonómicas
motoras, sino también las redes neuronales que codifican para lo
cognitivo, para los procesos mentales (lo que incluye el lenguaje
y la lectura). En definitiva, nuestro cerebro está organizado de
modo que todo lo sensorial (léase, todo lo que procede del mundo externo), tras ser procesado y elaborado en las áreas cerebrales
sensoriales correspondientes (específicas para cada sentido) de la
corteza cerebral (visión, audición, tacto, gusto y olfato), entra en
el así llamado «cerebro límbico o cerebro emocional», donde a
esta información sensorial se la «estampilla» con un significado
emocional. Y es después cuando esta información pasa a la corteza cerebral de asociación, en donde se construyen las ideas y,
con ellas, el pensamiento o razonamiento. De modo que el pensamiento ya se construye con ideas que poseen un significado

emocional. De todo esto ya se podría colegir que, propiamente, no hay razón sin emoción o, si se quiere, no hay pensamiento sin el fuego emocional que lo alimenta, o que sin emoción no hay significado del mundo que vemos, ni de lo bueno ni de lo malo, ni placentero ni doloroso, ni recompensante ni de castigo, ni tampoco sentimientos. Y todavía más allá, recordando a Edward O. Wilson, «sin emoción no hay procesos mentales bien ensamblados y coherentes». Y esto nos lleva, en relación ahora con la educación, a que sin emoción no haya procesos de aprendizaje y memoria «sólidos», ni tampoco decisiones acertadas. Y hasta nuestro concepto de creatividad, que Chomsky señalaba central en la educación, lo resaltaba Wilson en uno de sus últimos libros *(Los orígenes de la creatividad humana)* al señalar que «juzgamos la creatividad por la magnitud de la respuesta emocional que provoca». En definitiva, pensamos y sentimos gracias, en gran medida, a los filtros emocionales inconscientes de nuestro cerebro. Todo esto incluye a esos dos grandes capítulos, hijos de la emoción, que son la curiosidad y la atención, dos ingredientes de tanta y enorme importancia para aprender y memorizar bien.

Efectivamente, la curiosidad y la atención son temas que sin duda continúan cuanto hemos venido exponiendo acerca de la emoción. Es más, la misma curiosidad es un proceso intrínseco a los propios procesos de la emoción. De ahí que se considere a la curiosidad como un «chispazo perceptivo-emocional». La curiosidad es aquel fenómeno o proceso emocional genéticamente programado y expresado en las redes neuronales del cerebro de todos los mamíferos, incluido, por supuesto, el ser humano. Es aquel fenómeno que, cuando asoma y se expresa en la conducta, lleva a romper la monotonía perceptiva del sujeto que la experimenta, haciéndole «abrir los ojos» hacia aquello que se le está enseñando. O, dicho de otra manera más general si se prefiere:

la curiosidad es el fenómeno que lleva a concentrar la atención de las personas en aquello que la causa haciendo que exclamen interiormente: «¡Qué interesante!». Yo diría que la curiosidad es la fuente principal de donde mana la iniciativa que lleva al verdadero proceso de aprender y memorizar. De ahí aquello de «¡Maestro, despierta la curiosidad de tus alumnos cuando enseñes!». O: «¡Maestro, intenta hacer curioso lo que enseñas y comprobarás las reacciones naturales de tus alumnos hacia tus enseñanzas y los resultados que obtendrás en su aprendizaje!». Yo mismo he oído a un gran docente decir: «¡Maestro, enseña con emoción, haz curioso lo que enseñas, y comprobarás que aun lo "soso" es posible reconvertirlo en algo siempre interesante!». En cualquier caso, hay una conclusión clara y repetida: «Sin emoción no hay atención, ni aprendizaje y memoria, ni conocimiento».

Añadido a todo esto hay también aquí algo que por enorme relevancia quiero resaltar y exponer de un modo explícito. Y es que la curiosidad es la fuente principal de la investigación científica, fuente única de esa luz que ilumina el camino hacia el conocimiento nuevo. No se puede ser investigador, en cualquier materia, si no te resulta curioso e interesante lo que tratas de investigar. Y es así porque la curiosidad es la energía que te lleva a tratar de conocer lo que no conoces y, además, en tantos casos, nadie todavía conoce. Es la fuente de energía que impulsa hacia el conocimiento nuevo de las cosas del mundo y de uno mismo. Es parte de aquello que destaqué a propósito de la mención que hice, páginas atrás, y en palabras de Noam Chomsky, acerca de los ingredientes esenciales de una verdadera educación para los tiempos que corren, que se trata de la enseñanza de la «creatividad». En cualquier caso, la investigación científica, investigar en lo desconocido, es una curiosidad a la que Charles Sherrington (1857-1952), Premio Nobel de 1932, llamó tan acertadamente «curiosidad sagrada». Y no deja de ser interesante el hecho de que esa curiosidad venga sostenida, en su dimensión emocional, por la actividad de las vías neuronales del placer, áreas como, en particular, las vías mesocortical dopaminérgica y mesolímbica dopaminérgica. Esto último nos lleva a interpretar el valor de la curiosidad como un fenómeno conductual del que deriva la esperanza de obtención de logros y, con ellos, recompensas. Como señaló Marie Curie (1867-1934), Premio Nobel de Física (1903) y Química (1911): «Sin la curiosidad de la mente, ¿qué seríamos?». O, en palabras de la también Premio Nobel (2009) por sus estudios sobre la telomerasa, Carol Greider (1961-): «Todo el motor de mis investigaciones siempre fue la curiosidad». O incluso el mismísimo Cicerón: «Por definición, los conferenciantes públicos tienen que atraer la curiosidad, el interés del público». «Somos —escribió por su parte Edward Wilson— una especie de curiosidad insaciable: particularmente si gira en torno a nosotros mismos y la gente que conocemos o que nos gustaría conocer.» O, de modo más reciente, el director de orquesta Daniel Barenboim (1942-), en una entrevista a *El País Semanal*, dijo: «La curiosidad requiere tiempo, y nuestra sociedad es impaciente. La curiosidad es el elemento que te hace progresar». Y terminó señalando: «Internet da posibilidades únicas, pero mata la curiosidad».

Por su parte, la atención, tema sin duda «alargado» por lo que hoy se conoce de ella desde la neurociencia, es un proceso que, como una ventana, se abre y se cierra a resultas del proceso de la curiosidad. Todo chispazo perceptivo-emocional (curioso) abre esas «ventanas de la atención», y con esas ventanas abiertas es como se ponen en marcha neuronalmente los procesos de aprendizaje y, junto con la memoria, la generación de nuevo conocimiento. La atención no es un fenómeno constante, un fenómeno continuado en el tiempo hacia el objeto que se observa, sino que es una secuencia de «fogonazos atencionales», cada uno de los cuales viene a durar entre 60 y 250 milésimas de segundo. Hay que apuntar que la atención, genéricamente hablando, alude en realidad a muchos y diferentes tipos de atención. Son realmente procesos atencionales diferentes (codificados por redes neuronales diferentes), del mismo modo que hay memorias diferentes y que tienen como sustrato en el cerebro redes neuronales también diferentes. Y es en este sentido en el que hay, entre otras muchas, y como ejemplos principales para el contexto temático que estamos tratando, una atención de alerta, otra de orientación y otra ejecutiva, esta última especialmente destacable porque alude a esa atención necesaria cuando se traza un plan de acción, como bien pudiera ser el seguimiento de una clase y con ello el propio proceso de aprendizaje.

Me gustaría resaltar ahora, al final, el papel especial que dentro del «sistema límbico o «cerebro emocional» desempeñan los circuitos neuronales de dos estructuras que son la amígdala y la corteza cerebral orbitaria. La amígdala posee un papel muy destacado en estos circuitos límbicos de la emoción y la motivación, pues se ha demostrado que sus circuitos neuronales participan en la formación de asociaciones entre los estímulos sensoriales que entran al cerebro desde el medio ambiente (neutros de por sí) y la impronta de significado (en cuanto a refuerzos positivos o negativos) que estos estímulos evocan en el sujeto que los observa. Por ejemplo, las lesiones de la amígdala impiden que los animales que las sufren puedan asociar estímulos visuales, o de otro tipo, con refuerzos primarios (sean de recompensa o castigo) y, consecuentemente, les impiden tener respuestas emocionales normales. De modo que, al carecer los animales (en estos experimentos fueron primates) de una respuesta emocional ante estímulos que normalmente producen agresión, dolor o placer, se convierten en animales mansos. En otro estudio, por otra parte, se ha comprobado en registros neuronales unitarios (actividad de una sola neurona) que muchas neuronas de la amígdala del primate, y de los propios seres humanos, responden específicamente a la visión de las caras. Y basándose en ello se ha podido demostrar, en seres humanos, que la lesión de la amígdala produce un impedimento no a la hora de distinguir a quién pertenecen las caras (hombre, mujer, viejo o joven), sino de reconocer la expresión emocional de estas. Una persona con una lesión de ambas amígdalas puede identificar a qué amigo o familiar pertenece la cara que se le muestra en una fotografía, pero es incapaz de detectar si tal cara expresa alegría, tristeza, asco o miedo (Adolphs *et al.,* 1994). Sin duda, una clara demostración del papel de esta estructura cerebral en la valoración emocional de los estímulos visuales que se reciben. Con todo, y en los seres humanos, el papel de la amígdala en la elaboración «fina» de las emociones no es tan elevado como el que realiza la corteza orbitofrontal. Y ello se debe fundamentalmente al enorme desarrollo evolutivo de esta última estructura neural (la corteza prefrontal) comparado con el de la amígdala.

El papel de la corteza prefrontal, y en este contexto su parte orbital (corteza orbitofrontal), es muy relevante en relación con las funciones que acabamos de comentar en el parágrafo anterior. Esta parte orbital ha permitido al ser humano alcanzar una valoración de los significados emocionales de los estímulos que percibe con una infinidad de matices que realmente no son cuantificables. Matices emocionales que son, además, de apreciación personal, única y diferente a la de cualquier otro ser humano. Y es por ello por lo que se ha sugerido que esta área del cerebro y sus circuitos neuronales son un depósito importante de las situaciones personales vividas, junto a las experiencias emocionales únicas de cada individuo a lo largo de toda su vida. Los efectos de su lesión, por tanto, justifican claramente el tremendo impacto que poseen en la vida de las personas. Solo hay que recordar la larga y penosa historia de las lobectomías frontales como prueba suficiente de todo ello (Valenstein, 1973). En cualquier caso, se ha demostrado, y no deja de ser interesante, que esta valoración emocional de los estímulos es válida no solo para los estímulos visuales, sino también para los estímulos provenientes de otros sentidos como el tacto o el olfato. También se sabe que en la división anatómica más medial de esta corteza orbitofrontal se procesan, más particularmente, los refuerzos positivos (alegría, placer), en tanto que las valoraciones o reacciones emocionales no recompensantes (como el dolor o el castigo) son procesadas en la parte más lateral de esa corteza orbitofrontal. Curiosamente, las personas con lesiones de la corteza orbitofrontal tampoco son capaces de detectar el contenido emocional inconsciente de las palabras cuando se les habla, y, consecuentemente, tampoco alcanzan a ser conscientes de esa emoción o, lo que es lo mismo, no son capaces de reconvertir la emoción en sentimiento. Son personas que, como corolario de todo lo expuesto, expresan importantes disfunciones en su personalidad (problemas sociales).

En conclusión, y como hemos visto, la emoción no es solo un mecanismo que nos ancla al medio ambiente concreto —físico, social y cultural— en el que vivimos y del que claramente formamos parte, sino que, además, es un proceso creativo de la propia individualidad del ser humano. Pensemos si no en la evocación de nuestras memorias (recuerdos) más indelebles (desagradables o placenteros), que van siempre unidas a procesos reactivos emocionales (del latín *recordare*, «volver a pasar por el corazón»). O nuestra conducta moral más cotidiana o íntima, que está inevitablemente unida al aprendizaje (emocional) de nuestro más inmediato entorno, familiar primero y social después. Y, por supuesto, ese sentido último de nuestra existencia, esa hambre de infinito e inmortalidad que nos transporta más allá de nuestra inmediatez existencial. Todo ello está anclado en los circuitos emocionales de nuestro cerebro. Es claro, pues, que el conocimiento de los circuitos cerebrales que procesan la información emocional y, desde luego, el conocimiento de cómo estos procesos devienen en procesos conscientes (sentimientos) es de una enorme relevancia en el contexto de una verdadera revolución en la educación y la enseñanza, y de todo ello debe tomar ventaja un futuro neuroeducador.

3

DE LA EDUCACIÓN HUMANÍSTICA
Y LA NEUROCIENCIA
A LA INTRODUCCIÓN
DE LA INTELIGENCIA ARTIFICIAL
Y LA ROBÓTICA

Es evidente que, más allá de la convergencia entre las humanidades y la neurociencia —y su entronque con otras disciplinas, que hemos venido comentando en relación con la educación—, han entrado en acción otros nuevos actores que llevan tiempo impactando en la cultura que nos arropa e introduciéndose y calando, en estos tiempos que corren, en el campo de esa misma educación. Me estoy refiriendo ahora a la inteligencia artificial y la robótica. Una mirada a estos dos campos de conocimiento nos vendría bien en este entorno de la neuroeducación y, sobre todo, de los neuroeducadores.

La inteligencia artificial es muy joven: nació alrededor de 1956. En un largo estudio introductorio acerca de los significados de la inteligencia artificial (IA), Enric Trillas escribió:

> La IA es el estudio de construir y/o programar ordenadores para que hagan cosas que la mente humana puede hacer; unas comúnmente vistas como requiriendo inteligencia y formación (hacer diagnósticos, dar asesoría técnica o probar teoremas lógicos) y otras realizables aparentemente de forma automatizada por todos los adultos normales, con independencia de su educación (coger un objeto, usar el sentido común o hablar el propio idioma). Sin

embargo, tal definición propone que los ordenadores pueden hacer lo que hacen las mentes; y frecuentemente se han utilizado concepciones muy generales de la «mente». Por ello puede ser preferible la definición más modesta de que la IA intenta desarrollar o programar máquinas cuyas realizaciones observables presentan rasgos que, en los humanos, atribuiríamos a procesos mentales (Trillas, 1995).

Sin duda esta definición, en su reflexión acerca de lo que es y significa la mente, entronca de lleno con la convergencia entre IA y neurociencia, y más particularmente con la neurociencia cognitiva. Y no solo con ella, sino también con otras disciplinas como la matemática, la física, la ingeniería, la informática y, por supuesto, la filosofía o la propia psicología. Trillas concluye con este último parágrafo:

Si desde Newton (1643-1727) se ha venido aceptando una continuidad de la materia en todo el universo regida por las mismas leyes; si desde Darwin (1809-1882) se ha venido aceptando la continuidad biológica de los seres vivos; si desde Freud (1856-1939) se ha venido aceptando una continuidad en cuanto a las tendencias que siguen todos los seres humanos, ¿por qué negar «a priori» que en un futuro se llegue a una «nueva» continuidad, esta vez, entre los seres vivos y las máquinas? Tal negación ¿no es una limitación no solo del horizonte cultural, sino, también, de la imaginación científica? [...] Si después de Noam Chomsky (1995) y con los actuales estudios sobre el lenguaje parece confirmarse que todos los seres humanos nacen dotados de estructuras pregramaticales innatas que facilitan, y a la vez limitan, el desarrollo del lenguaje, ¿por qué negar, de entrada, que un programa permita, tras un aprendizaje, que las máquinas informáticas lleguen a poseer un programa natural cualquiera? ¿Por qué negar la posibilidad de que un futuro robot pueda «incorporar» una capacidad intelectiva cercana a la de los seres humanos?

Por su parte, Ramón López de Mántaras (1952-) también apunta aspectos introductorios muy interesantes cuando señala que, entre los muchos y grandes considerandos, clasificaciones y matizaciones, la IA se define y/o se clasifica básicamente en una «inteligencia artificial débil» (IA débil) y «una inteligencia artificial fuerte» (IA fuerte), o si se quiere, haciendo las cosas complejas más simples, en una «IA especializada» o una «IA de tipo general», siendo esta última la que se consideraría como equivalente a la inteligencia humana. Mántaras ofrece un ejemplo ilustrativo:

> Por ejemplo, los programas (en computadores) que juegan al ajedrez a nivel de «gran maestro» son incapaces de jugar a las damas a pesar de ser un juego mucho más sencillo. Y tal cosa ocurre porque jugar a las damas requiere diseñar y ejecutar otro programa en el ordenador, distinto e independiente del que le permite jugar al ajedrez, para que el mismo ordenador pueda jugar también a las damas. En el caso de los seres humanos no es así, ya que cualquier jugador de ajedrez puede aprovechar sus conocimientos sobre este juego para, en muy breve tiempo, jugar a las damas perfectamente.

En cualquier caso, me gustaría resaltar que quien introdujo esta distinción entre IA débil e IA fuerte fue el filósofo John Searle (1932-) en un artículo, publicado en 1980, que provocó mucha polémica. En él trata de demostrar que la IA fuerte es imposible (y no iba muy desencaminado). En cualquier caso, parece claro que todos los avances en el campo de la inteligencia artificial hoy en día, como señala el propio Mántaras, son manifestaciones de la IA débil.

Llegados a este punto, creo que es ya tiempo de especificar que cuando se habla de inteligencia artificial (IA) se está hablando de un conjunto de operaciones matemáticas con las que se realizan cálculos que llevan a soluciones de muchos y diferentes tipos de problemas. Son los algoritmos. Y es con la utilización de algoritmos múltiples y complejos como se ha llegado a una forma de IA que permite, a sofisticadas computadoras o robots, «aprender» (reteniendo en su memoria cosas que puedan después ser utilizadas en uno o más contextos diferentes). Uno de ellos es el que se viene conociendo como «aprendizaje profundo» o *deep learning*. Una aplicación concreta de *deep learning* es, por ejemplo, la que se utiliza en los coches experimentales sin conductor. Y también en otros campos, como bien pudiera ser el reconocimiento de la voz de una persona. Esto último permitiría que un ordenador, equipado con estos algoritmos, solo responda y ejecute las órdenes de la persona con esa voz específica. De hecho, sabemos que algunos profesores del MIT (Massachusetts Institute of Technology) tienen en su despacho ordenadores con estas características que, efectivamente, solo responden a la voz de ese profesor. También la síntesis de voz (intensidad, prosodia, modulación, tono) emitida por los robots «androides». O la traducción automática de textos o el reconocimiento de caras, lo que lleva, en este último caso, por ejemplo, a que solo pueda abrir un ordenador o un texto o lectura una determinada persona (cuya cara es la que ha sido codificada previamente en el programa del ordenador). Aunque todo lo referido parece extraordinario, no deberíamos olvidar que ya hoy estamos rodeados por robots, que se utilizan cada día en la industria, en hospitales, etc.

Lo cierto es que esto, a otros niveles, comienza a ser ya algo cotidiano para muchas personas, pues hace ya bastante tiempo que tenemos en nuestros coches la posibilidad, por ejemplo, de que un programa, que viene incluso ya de fábrica, nos localice un teléfono y haga la conexión de llamada sin nosotros tocar el aparato (voz del dueño), o los geolocalizadores y trazadores de recorrido que todos utilizamos en nuestro coche para localizar el mejor itinerario con el que poder llegar a un sitio determinado. Hoy ya se puede, de hecho, implementar un teléfono móvil con un programa que lo activa solo acercándolo a la cara de su dueño (reconocimiento facial), o la lectura del iris o de la huella del dedo pulgar. También en la vida diaria se han ido imponiendo los móviles como ayuda para diversas operaciones, como por ejemplo la posibilidad de viajar «sin papeles» presentando con el móvil un código QR, la lectura facial para abrir nuestra cuenta personal en un cajero automático o poder realizar cualquier operación habitual, como pudiera ser abrir la puerta principal de la casa y desactivar la alarma.

Pero hagamos ahora la pregunta que verdaderamente nos preocupa. ¿Podría verdaderamente el «aprendizaje profundo» o *deep learning* tener alguna aplicación presente o futura relevante en la educación? Yo estoy personalmente convencido de que sí. Y lo justificaré un poco más adelante, cuando hablemos de la robótica. Ahora mismo me permito adelantar aquí que este «sí» que acabo de afirmar refiere a que podrían ser «herramientas útiles», sin duda más sofisticadas (si se quiere, «más inteligentes») de lo que son hoy las tabletas, los vídeos o los ordenadores personales. El *deep learning* podría representar un papel como, quizá, «tutorial», ayudando a la resolución de los problemas que pudieran tener los niños en la clase. Tal podría ser (reitero que lo veremos más adelante, con algún ejemplo, a propósito de la robótica) el papel que ciertos robots realizan para mejorar problemas en niños que sufren algún tipo de síndromes o disfunciones neurológicas o psicológicas. Pero, en cualquier caso, estos robots serían elementos no sustitutivos del papel, parcial o total, que pudiera realizar el maestro o instructor, o, desde luego, el neuroeducador, como en este libro se propone.

Me gustaría ahora dar un poco de fundamento a lo que acabo de señalar a propósito de la existencia de una realidad diferencial inviolable en lo que cualquier «inteligencia artificial» representa (piénsese que se trata de «máquinas») cuando se la compara con la «inteligencia natural» de un ser humano. Nadie, o muy pocos, discutirían que el intento operativo de la IA ha estado centrado alrededor de imitar, «mecanizar», los procesos cognitivos humanos (y lo sigue estando). Pero es innegable que tal proceso de imitación nunca ha podido reproducir o acercarse al hecho de que las operaciones cognitivas humanas (ideas, razón, pensamiento) se elaboran en las redes neuronales de la corteza cerebral asociativa, con ideas que vienen ya «embebidas» por un proceso emocional previo. Proceso de tal importancia, como señalamos en el capítulo anterior, que propiamente no hay procesos mentales sin emoción. Y es que la emoción escapa a la IA, al no ser propiamente cuantificable. La emoción son procesos neuronales cuya intimidad funcional habría que desentrañar para poder entenderla bien, reconstruyendo las transformaciones ocurridas en la naturaleza a través de errores, azares, aciertos y cambios constantes a lo largo de millones de años, procesos realizados por los individuos biológicos en su enfrentamiento incesante con los cambios del entorno (por otra parte desconocidos) para permitir lo que se ha conseguido, es decir, mantener a lo largo de tanto tiempo a la propia vida «viva». Y ese es el gran *conundrum* o problema central que ahora nos ocupa.

El profesor J. Mira (1944-2008), hombre de profunda inteligencia y claridad expositiva y desafortunada muerte prematura, escribió:

Recientemente, el campo de la computación en general y el de la IA en particular están siendo invadidos por términos antropomorfos procedentes de la esfera emocional, pasando de la búsqueda «del pensamiento artificial» a la búsqueda del «sentimiento artificial» y escribiendo sobre «la emoción en la IA». Y así se ha tratado de dar un salto desde el mundo de la emoción al mundo de la computación, hablando de las «intenciones y propósitos de una máquina». Creo que la mayor parte de las importaciones que se han realizado desde la esfera emocional al campo de los computadores y la IA hablando de «emoción artificial» o de «máquinas que sienten» no tienen fundamento ni tampoco contrapartida real en el dominio propio de la computación. Términos como conciencia, alegría, miedo, ansiedad, deseo, etc., en una máquina solo caben en el campo de la novela de ficción... En los últimos cincuenta años la IA ha luchado por modelar versiones computacionales de algunos de los términos que usamos los humanos para describir métodos de resolver problemas técnicos («buscar», «comparar», «ordenar», «seleccionar», «calcular», «establecer» «refinar», «clasificar»...), pero los verbos cognitivos y emocionales más característicos de lo humano («pensar», «imaginar», «sentir», «creer», «intentar», «esperar», «desear», «temer», «odiar», «amar»...) todavía no tienen modelos computables. La conclusión es que no hay evidencia de que exista nada residente en una máquina o en un programa que nos permita hablar de máquinas emocionales.

Y me gustaría finalizar estas reflexiones, tan acertadas, con estas otras, también del propio Mira, que comparto plenamente:

Mi posición (en cuanto al uso de los términos de la esfera emocional y la computación) es la del rechazo a usar excesivos conceptos antropomorfos, sacados de la biología y las ciencias del comportamiento, para designar entidades y relaciones del mundo de lo artificial de semejanza solo aparente con lo designado por esos mismos conceptos cuando se refieren al dominio de lo vivo.

Hablemos ahora un poco del mundo de la robótica. Así, de pronto y como introducción, yo diría que la robótica, al menos en cuanto a lo que aquí interesa, que es su aplicación en el colegio y la enseñanza (y aparte de los avances de la IA aplicados en esa misma robótica, con la constante sofisticación y mejora de los «cerebros» de los propios robots), pasa hoy por una dimensión o intento de «humanizar esos robots». Una humanización que se intenta conseguir primero a través de la configuración anatómica humana del propio robot, cada vez más sofisticada, y segundo, y sin duda igual de importante, a través de ese proceso emocional humano que se conoce como «antropomorfización». Lo primero es más que evidente. Es mucho más fácil para un ser humano interactuar con un «robot corporal» (configurado de forma humana, desde la cabeza hasta el tórax y el abdomen, los brazos, las manos, las piernas y los pies), como los llamados «robots humanoides» o «robots sociales», que con robots no corpóreos (una caja o continente), aun cuando ambos estuvieran configurados con las mismas características «inteligentes». No cabe duda de la enorme ventaja que los primeros tienen al poseer la capacidad de tener experiencias directas con su entorno (tacto y actividad motora).

En apoyo de todo esto está la consideración importante de que una parte de la misma inteligencia humana se basa precisamente —aparte de, por supuesto, en la cognición, y en ella la consciencia (Dehaene, 2014)— en las capacidades sensoriales y motoras que acabo de señalar, dado que ello les permite a estos robots moverse, lo que los lleva a adquirir conocimiento de algunas características de lo que les rodea (Pfeifer y Bongard, 2007). Es más, a algunas versiones actuales de estos robots humanoides se las comienza a revestir con tejidos especiales (sobre todo en la punta de los dedos) que las hacen enormemente sensibles al tacto y a la propia respuesta motora de la mano, incorporando sensores capaces de integrar en sus «cerebros» información procedente «de su propio cuerpo mecánico», lo que, sin duda, las aproxima cada vez más a una inteligencia que va algo más allá de la pura «inteligencia sensorial» y se acerca a una cierta «inteligencia cognitiva». Un buen ejemplo de esto serían el robot PARO *(Personal Assistant Robot)* o el robot Aiko Chihira, de los que hablaremos más adelante en el contexto de robótica avanzada.

Un punto y aparte en todo esto lo merece el concepto de «antropomorfización» aplicado a la robótica. Es este un concepto que hace referencia al intento inconsciente del ser humano, a través de su propia emoción, sentimiento y lenguaje, de investir a los objetos, animales o máquinas que le rodean con «características humanas» que no poseen por sí mismos. Me refiero a que el ser humano, a través de sus procesos emocionales, es capaz de «dar» o «humanizar» el mundo que le rodea. Cuando un ordenador, siempre encendido y «despierto», te dice nada más abrir la puerta de tu despacho y encender la luz: «¡Buenos días, Juan!» (reconocimiento facial y de voz), y luego te pregunta: «¿Vamos a trabajar esta mañana? ¿Qué voy preparando?», y tú le contestas y estableces un mínimo diálogo con él, que, además, repites casi todos los días, ¿no acaba esto por crear un vínculo emocional «real» para Juan que le lleva a «humanizar» el ordenador? ¿Acaso no es fácil para Juan olvidar que se trata, simplemente, de «una máquina» (sofisticada, si se quiere, pero una «máquina» a la que trata con cariño)? Una máquina que «engaña», pues carece de todo componente emocional y actúa solo gracias a esa inteligencia artificial, lógica, matemática y computacional de complejos y múltiples algoritmos que lleva incorporados. Sin duda que sí. Y de poco vale que uno sepa que esa inteligencia «de máquina» está alejada, completamente alejada, y es diferente de la inteligencia emocional humana, puesto que ese vínculo o apego emocional que se crea se trata solo de un proceso humano inconsciente proyectado. Y más simple y cotidiano todavía. ¿Acaso, hoy, no «antropomorfizamos» a los ordenadores cuando tú mismo, un día, lleno de ansiedad y «prisas», tensión y equívocos, piensas que el ordenador no solo va «lento» sino que comete errores y te estresa y hasta lo zarandearías? ¿Acaso eso no son emociones humanas proyectadas hacia «otro» ser humano? Estas «realidades emocionales» serán cotidianas en nuestra convivencia futura con los robots.

Como reflejo de todo esto me gustaría ahora referir una experiencia personal, pienso que ilustrativa, que tuve con ocasión de una conferencia que pronuncié en la Facultad de Informática y Ciencias de la Computación de la Universidad Complutense de Madrid. Durante mi visita, y antes de mi charla, me invitaron a dar un paseo por los interiores de la facultad. Y fue durante ese paseo cuando tuve la oportunidad de ver un concurso de habilidades de unos pequeños robots (antropomorfos y autónomos, de unos 50 cm de altura) capaces de «caminar de forma humana» equilibrando, por tanto, el movimiento de sus piernas con el balanceo de su cuerpo y sus brazos. Estos pequeños robots recorrieron (por supuesto, de forma erguida durante todo el trayecto) un circuito consistente en caminar por una pequeña plataforma plana seguida de la ascensión de unos escalones, para después avanzar por otra plataforma llana y sin ningún obstáculo y finalmente descender por otros escalones hasta otra plataforma llana. Muchos de estos robots (articulados y programados para caminar de forma equilibrada; ¡por cierto, de forma muy aparentemente «humana»!) perdían el equilibrio, bien durante el ascenso por las escaleras hasta la plataforma, bien al descender de ella. Algunos, muy pocos, y tras grandes desequilibrios y reajustes de sus movimientos, lograron alcanzar su objetivo sin caerse. Y solo uno hizo todo el recorrido, y si recuerdo bien, lo repitió dos veces, con un equilibrio armonioso durante toda la prueba. Fue, claramente, el ganador. Al final del concurso me acerqué a la profesora que lo había diseñado para felicitarla y la encontré reunida con otros varios profesores o estudiantes, todos muy jóvenes, todos celebrantes y sonrientes, y a ella con el pequeño robot abrazado entre sus dos manos, mirándolo fijamente muy afectuosa y diciéndole: «Sabía que lo harías perfecto y que ganaríamos». Ello me hizo pensar, como tantas otras veces, que los seres humanos somos seres que hacemos y construimos un mundo a nuestro alrededor en el que antropomorfizamos casi todo, humanizamos casi todo y desde luego y en particular, como acabo de señalar, aquello que son máquinas o animales.

Está claro que hoy por hoy (y repito lo ya referido en páginas anteriores siguiendo a J. Mira) no hay ningún robot en el mundo con capacidad de «sentir nada» ni «pensar», «imaginar», «creer», «intentar», «esperar», «desear», «temer», «odiar», «amar»... Nada de ese mundo intrínsecamente humano que requiere «emoción, cognición y consciencia» es todavía posible ni lo será en un infinito tiempo (si es que alcanza alguna vez visos de ser posible). Las emociones no son cuantificables, no son medibles, de modo que los robots son y seguirán siendo «objetos mecánicos» sin «alma». Su «aparente» comportamiento y «vida humana» son solo los que le son transferidos por los propios seres humanos. Esa realidad obedece fundamentalmente a lo poco que a fin de cuentas conocemos de estos procesos del cerebro humano que acabamos de mencionar: la emoción, la cognición y la consciencia y sus interrelaciones cambiantes, únicas y diferentes en cada ser humano y hasta en el mismo ser humano a lo largo de todo su arco vital.

Un capítulo de un gran interés en estos días de la robótica es el de la ética (aspecto considerado más adelante en relación con la formación del maestro neuroeducador, en el capítulo 4). En realidad, más que interés, es preocupación, en tanto que se intenta diseñar y construir una IA (robots) con dispositivos acordes a «principios y normas» sólidos, o, si se quiere, a principios éticos que puedan ser compartidos por seres humanos y robots humanoides. Es este un capítulo abierto y muy activo que yo aquí, sin embargo, no he contemplado desarrollar, aun cuando, sí, al menos, mencionar (Jobin, 2019; Fjeld, 2020; Berduschi, 2020). De modo que, mientras prosiguen estos desarrollos «éticos» en el contexto de la robótica, nos quedamos con los «preceptos» que ya Asimov (1920-1992) publicó en su libro *Yo, robot* en el año 1950 (Asimov, 2004) y que son estos:

PRIMERA LEY: Un robot no puede dañar a ningún ser humano o, por inacción, permitir que un ser humano sufra daños.

SEGUNDA LEY: Un robot debe obedecer las órdenes que le den los seres humanos excepto cuando tal orden entre en conflicto con la primera ley.

TERCERA LEY: Un robot debe proteger su propia existencia siempre que dicha existencia no entre en conflicto con la Primera o Segunda ley.

Es claro que hoy la robótica y la inteligencia artificial están experimentando un avance considerable. De hecho, ya hay en marcha diversos proyectos de investigación robótica en departamentos de prestigiosas instituciones como el MIT en Estados Unidos (Laboratorio de Ciencias de la Computación e Inteligencia Artificial). Estos estudios tratan de incorporar diseños de robots que podrían ser controlados en sus conductas por el propio pensamiento humano. También otros proyectos, como el conocido como AVATAR, trabajan en este mismo frente de investigación. Se trata de robots, todavía experimentales, equipados con dispositivos electrónicos (interfaz cerebro humano-computador) capaces de descodificar el correlato cerebral de los pensamientos de las personas y ejecutar y expresar esas órdenes humanas en la conducta del robot.

Algunos trabajos con robots se encaminan en otras direcciones, pero también incorporan conocimientos extraídos de la neurociencia. Se trata, en este caso, de la serie de robots conocidos como «Darwin» o «Darwinbots», una serie de proyectos de robots que fueron inicialmente dirigidos por Gerald Edelman (1929-2014). Son robots capaces de tomar «decisiones» autónomas basadas en sus capacidades para priorizar y clasificar los estímulos que reciben del medio ambiente. En particular, el denominado Darwin VII, utilizando señales de su entorno (que relaciona entre sí y guarda en su memoria como valores de referencia), puede, con esa información, identificar formas y lugares y buscar el objeto que mejor se adapta a ella entre una serie de objetos en su entorno. Paralelamente, este robot es capaz, además, de detectar señales que le hacen «aproximarse» a cierto tipo de estímulos y alejarse de «otros», adaptándose así a su medio ambiente. Este robot tiene un diseño basado en el funcionamiento de un «sistema nervioso artificial» que lleva incorporadas unas 20.000 «unidades neuronales simuladas» que están interconectadas por unas 450.000 uniones o «sinapsis». Son robots, además, con la capacidad de «evolucionar», es decir, que ordenan y clasifican los estímulos que reciben y de este modo son cada vez más competentes para aprender y memorizar y, conforme a ello, reordenar su conducta futura de acuerdo con los nuevos estímulos que aparecen en su entorno. Está claro que, con todos estos ingredientes, estos robots van siendo cada vez más «humanoides» y son percibidos de modo muy diferente (más que obvio y ya señalado en páginas anteriores) a cualquier otro aparato, caja o «robot-máquina» colocado sobre una mesa.

Con estos diseños «neuronales» que acabamos de referir y otros que hoy se construyen, hay robots (como, por ejemplo, el *Personal Assistant Robot*, PARO) programados para interactuar con las personas y que poseen sensores que procesan el tacto, la temperatura y el sonido, lo que les permite responder de modo «más humano» y reaccionar a las caricias repetidas con mensajes de voz sintética y movimientos del cuerpo, los brazos y las manos. Por ejemplo, el robot androide Aiko Chihira, que ya mencionamos páginas atrás, tiene aspecto femenino, es capaz de realizar movimientos de brazos y manos y, además, expresiones faciales conseguidas con más de quince elementos móviles. Aiko está programado para comunicarse por lenguaje de señas, por lo que puede asistir a personas con discapacidad auditiva, que ven así enriquecida su vida personal. Habría que añadir otros proyectos, como el de la Universidad Tecnológica de Múnich, en los que se está intentando recubrir estos robots con piel sintética (que ya mencionamos en otro ejemplo anterior) equipada con sensores múltiples para el tacto (lo que permitiría crear un mapa sensorial capaz de producir una buena discriminación táctil). Esto último, a su vez, podría otorgarle a este robot la capacidad de manifestar respuestas diferenciadas entre su propio cuerpo y el entorno.

Por su parte, los ya mencionados «robots sociales» son robots cuya clara finalidad apunta a crear una ayuda para las múltiples necesidades que se ven asomar en lontananza para el futuro bienestar humano. Esto incluye la asistencia social o de compañía, de ayuda e información o el acompañamiento en aeropuertos, autobuses, plataformas de ferrocarril u otro tipo de transporte, el control de tráfico y, desde luego, lo más importante y sobresaliente en nuestro contexto, la ayuda a los maestros en el colegio o en la clase o ayuda en la terapéutica de problemas psicológico-médicos de los estudiantes, como veremos en las páginas que siguen. Es evidente que, más allá del colegio, y desde una amplia perspectiva social futura, se van perfilando enormes cambios que incluyen una visión del ser humano en su relación con los robots y a lo largo de todo su arco vital, desde el nacimiento hasta el largo período del envejecimiento y la muerte (conceptos y visión descritos en el capítulo 8: «Neuroeducador: una visión de futuro») (Sheridan, 2020). Y hacia ahí apunta este apasionante mundo hoy en «ebullición» de la robótica, es decir, buscando en el horizonte el futuro bienestar humano.

En una visión ya más cercana a nuestro tema central, que es la educación, hoy tenemos estudios que implican a los «robots sociales» (configuración humanoide) en el tratamiento y mejora de niños que presentan síndromes que interfieren con el aprendizaje en la clase (Gargot *et al.*, 2021). En este contexto, quiero adelantar que se han descrito ya casos tratados con este tipo de robots en relación con síndromes como el autismo, la discalculia, problemas generales en el neurodesarrollo, el síndrome atencional e hiperactividad y otros.

Me gustaría terminar este capítulo haciendo una breve descripción de un caso de disgrafía publicado recientemente, y con la perspectiva de un tratamiento con el apoyo de un robot. El caso que nos ocupa es el de un niño de diez años de edad en el que destaca una severa disgrafía, es decir, una incapacidad para escribir correctamente que afecta no solo a lo motor en sentido estricto (finura en los movimientos de la mano y el brazo) sino a todos los procesos que se requieren para escribir bien, lo que incluye la ortografía, el tamaño y el dibujo homogéneo de las letras (que es lo que hace que la escritura sea legible), y también que el espaciado de las letras y las palabras sea el correcto (y homogéneo a lo largo de todo el escrito). Debemos especificar que este niño, tras más de dos años de tratamiento psicológico y ayuda con terapia ocupacional previa al tratamiento con el robot, seguía presentando una severa limitación de la escritura, lo que, de alguna forma, impedía su participación normal en las actividades cotidianas dentro de la clase.

En el inicio de la terapia, el terapeuta le presenta a este niño un robot con el que trata de que dialogue. El terapeuta media en esa relación niño-robot y le sugiere al niño que le haga preguntas, como por ejemplo: «¿De dónde vienes?», «¿cómo te llamas?», «¿tienes hermanos?» y un largo etcétera, tratando así de crear, de este modo, un «clima emocional relajado» en la relación que el niño va a tener con el robot para establecer así un «efecto protector» hacia el robot. Pues bien, con esta introducción, y sin ninguna interrupción de la terapia, que se continúa a lo largo de diez semanas (20 sesiones, dos sesiones semanales de 25 minutos), al niño se le pidió que enseñara al robot a escribir letras o palabras que él mismo había previamente aprendido a escribir muy bien. Al principio el robot mueve su brazo y con un lápiz óptico trata de escribir una letra en la pantalla de la tableta, haciéndolo mal. Al niño se le instruye previamente en que él mismo debe corregir al robot. Por ejemplo, si el robot escribe una palabra con una de sus letras muy grande y alargada, el niño copia en la tableta esa misma palabra pero con el tamaño correcto (dentro de un recuadro). Y así, sesión tras sesión, el niño va mostrando al robot la inclinación y el tamaño de las letras, los enlaces de las letras formando palabras y, también, la velocidad de esa escritura, y todo ello entre risas y con una conducta de juego. Y es a través de este aprendizaje de coescritura y juego con el robot (muy sintéticamente descrito) como el propio niño, de modo inconsciente, entrena el trazado, la presión, la inclinación, el cambio de colores y la sujeción del lápiz. Con ello, y a la vez, el niño va desarrollando una conducta responsable sobre el aprendizaje del robot.

Lo extraordinario de todo esto fue comprobar que a través de su enseñanza al robot la motivación del niño hacia la escritura aumentó considerablemente y desapareció, además, la tendencia al retraimiento que antes tenía e incluso la huida y el rechazo ante todo lo relacionado con la escritura (tanto en casa como en el colegio). Y lo que fue más destacable es que, en el transcurso de la terapia, el niño mejoró, de modo considerable, la calidad de su escritura (lo que conllevó cambios en la inclinación y la presión que ejerce el lápiz al escribir, así como en el modo de sujetar este con los dedos). En todo esto, por supuesto, el terapeuta desempeña un papel sobresaliente, al estar constantemente controlando el ritmo de la terapia y cambiando los juegos y las características de la sesión cuando el niño, por ejemplo, en ocasiones se mostraba aburrido y no colaboraba en el trabajo. Sin duda, el juego —ese «disfraz del aprendizaje»— y el propio encendido emocional que representa su relación con el robot debieron de ejercer un papel fundamental en el éxito de estas terapias. En su esencia, este método de coescritura niño-robot produce en el niño una relativización consciente acerca de su problema con la escritura. Es decir, que genera un aumento de su sentido de responsabilidad y, con ello, una mejora de su autoestima y autoconfianza («El robot me necesita para aprender»). Además, en este proceso el juego produce un entrenamiento positivo, paso a paso y lentamente, que favorece las oportunidades de tratamiento. Los autores de este trabajo resumen así sus resultados: «Aun cuando se requiere la confirmación de estos logros por otros estudios más amplios, de momento todo inclina a pensar que el tratamiento de la disgrafía utilizando la interacción del niño con un robot es factible y mejora el trastorno de los niños que sufren problemas con la escritura». Todo esto nos lleva a ser cada vez más conscientes de los cambios que se aproximan en la educación y la instrucción del futuro, lo que implica de lleno al propio neuroeducador.

4

NEUROEDUCADOR
Una nueva profesión

Ya, ahora mismo, se están produciendo transformaciones profundas en nuestra cultura que alumbrarán nuevas ideas y nuevos diseños aplicables al medio en que aprenden los niños. Baste señalar que, en un muy alto porcentaje (60-70%), las profesiones que encontrarán los niños que nacen ahora, o que lo harán en un inmediato futuro, serán completamente nuevas, diferentes, desconocidas hoy día. ¿Qué repercusión podría tener todo esto en el contexto de la educación y la enseñanza? La respuesta a esta pregunta es la propuesta que se ofrece en los capítulos que restan del libro. Daremos, así, una perspectiva que justifique la proposición firme de la creación de la nueva profesión de neuroeducador y su inclusión en un programa universitario de enseñanza.

Por lo que acabamos de señalar en las páginas precedentes, parece evidente que muchas de estas nuevas profesiones que están apareciendo o aparecerán en el futuro serán consecuencia, principalmente, de los nuevos conocimientos que ofrece la convergencia de distintas disciplinas ya existentes; aunque, por supuesto, cada asignatura siga teniendo una vida de investigación y docencia individualizada. En cualquier caso, es claro que la aproximación central al tema que nos ocupa (el tema del neuroeducador) tiene su base en esa disciplina no reglada que es la neuroeducación. Es decir, esa nueva visión de la enseñanza que ya hemos analizado, basada en los conocimientos actuales y futuros acerca de cómo funciona el cerebro como proceso evolutivo. Es cierto, no obstante, que muchos docentes y pensadores piensan que es quizá todavía un tanto prematuro hablar de neuroeducación y neuroeducadores, dado el enorme abismo que aún existe entre los conocimientos de la neurociencia y su aplicabilidad directa en el aula. Otros, sin embargo, entre los que me encuentro, pensamos por el contrario que sí es el momento de familiarizar y ayudar a los docentes en el campo del aprendizaje y el desarrollo desde una perspectiva fundamentalmente neurobiológica, es decir, enfocada desde el método científico. Aun cuando solo sirviese para limpiar de mitos y falsas verdades la enseñanza en los colegios.

¿Cuáles serían pues los pilares que podrían definir y sostener la figura de un neuroeducador? Comencemos, desde luego, haciendo justicia señalando que esta propuesta como tal, que yo ahora mismo estoy haciendo, no es enteramente nueva. De la figura del neuroeducador ya se ha venido hablando desde hace algún tiempo, aunque sin que ello tuviera mayores consecuencias, más allá de ofrecer una perspectiva de aplicación futura. Estas sugerencias iniciales fueron principalmente hechas por William M. Cruickshank en 1981 y Jocelyn K. Fuller y James G. Glendening en 1985. También es cierto, eso sí, que eran proposiciones principalmente limitadas y encaminadas (o al menos la de Cruickshank) a la resolución de los problemas que en su aprendizaje pudieran tener algunos niños en la clase. Así, Cruickshank (1981) definió a un neuroeducador como «la persona o el maestro especial, si se quiere, que establece el enfoque y está constantemente alerta a la naturaleza y las necesidades de todos los niños con discapacidades de aprendizaje que son atendidos dentro de la unidad escolar». Esto podría interpretar la figura del neuroeducador como una persona que no tiene docencia reglada en el colegio, es decir, que no imparte clases directamente y que se supone estaría atenta a los informes que recibe (transmitidos por los docentes) acerca de los problemas que ciertos niños sufren y que les impiden seguir regularmente las enseñanzas regladas de su clase. Por su parte, Fuller y Glendening (1985) ya consideran que un neuroeducador debería ser «una persona (se supone que con una base de estudios de maestro) entrenada desde una perspectiva interdisciplinar para entender los conceptos acerca de la función cerebral y una buena enseñanza».

Más recientemente (2008), Howard Gardner (1943-) también propuso la figura del neuroeducador como una nueva profesión en los colegios, pero esta vez ya planteada desde una perspectiva más estrictamente neurocientífica. Así, Gardner señala que un neuroeducador debería ser «un profesional cuyo trabajo se basara en el conocimiento de las teorías y la investigación de la neurociencia y en la práctica de la investigación en dicha disciplina». Curiosamente, y como detalle más anecdótico que otra cosa, Gardner desconocía, al parecer, la existencia de los dos trabajos de los años ochenta que acabo de citar (el de Cruickshank, de 1981, y el de Fuller y Glendening, de 1985), dado que al principio de su propuesta escribió lo siguiente: «Si se me permite comenzar con un neologismo, me gustaría introducir el término de neuroeducador».

En cualquier caso, continuando con los planteamientos generales sobre la profesión de neuroeducador, se podría añadir que este nuevo profesional tendría que poseer una base multidisciplinar que le permitiese, además de conocer bien los procesos funcionales cerebrales base del aprendizaje y la memoria que ya hemos apuntado, ayudar por ejemplo en el diseño de proyectos de investigación sobre temas específicos de educación e instrucción en los colegios. Y todavía más allá, el neuroeducador debería conocer, además de las disciplinas ya mencionadas anteriormente, otras materias que ya se introducen y convergen en el mundo de la educación y que hemos referido en el capítulo anterior (capítulo 3), tales como la inteligencia artificial y la robótica. De todo ello, ahora me gustaría hacer algunas consideraciones generales básicas que podrían ser introductorias a las que luego especificaremos en los siguientes capítulos.

Howard Gardner, en su extenso trabajo GoodWork Project de 2008, apuntaba que un buen trabajo es aquel realizado por personas que cumplen con tres elementos básicos y centrales. El primero, poseer excelencia técnica, es decir, alta preparación y conocimiento de los instrumentos técnicos que son necesarios para la realización de dicho trabajo. Segundo, que ese trabajo sea atractivo para quien lo realiza, es decir, que lo encuentre relevante, estimulante, interesante o, dicho poéticamente, «que ame lo que hace» y que, desde luego, se encuentre preparado, tanto física como mentalmente, para su realización. Y el tercero, y último, es que el trabajador sea capaz de hacer el trabajo bajo un sólido principio ético. De estos tres principios básicos, los dos primeros los considero intrínsecamente definidos. Es al tercero, el principio ético, al que considero necesario añadir algunas otras reflexiones. Y es que pienso que nadie hoy duda que el hombre, como ser social que es, vive mejor y desarrolla una conducta mejor cuando sabe a qué atenerse en su relación con los demás, es decir, si siente, conoce y piensa bien acerca de lo que debe hacer y luego hace, o, lo que es también lo mismo, si tiene un buen razonamiento moral y con él adelanta y se hace responsable de las consecuencias de su conducta. Es evidente que esto mismo bien pudiera aplicarse a cualquier trabajo, pero también creo que tiene un valor añadido cuando hablamos de educación en niños de entre 6 y 12 años, principalmente. Y aquí me gustaría reforzar lo que acabo de escribir con las palabras de Michael Gazzaniga (1939-), gran protagonista en los avances de la neuroética, esa otra disciplina producto de la con-

vergencia, esta vez, entre neurociencia y ética. Escribió Gazzaniga:

> La neuroética es el examen de cómo queremos manejar los temas
> sociales de la enfermedad, la normalidad, la moralidad, los estilos
> de vida y la filosofía de la vida acorde con nuestro conocimiento
> de cómo funciona el cerebro para con ello poder ayudar a definir
> mejor lo que significa ser humano y cómo podemos y debemos
> interaccionar socialmente. Es un esfuerzo de cómo alcanzar una
> filosofía de la vida basada en el cerebro.

Es decir, lo reitero: todo lo dicho en este largo parágrafo
implica o es intrínseco a la educación (interaccionar socialmente) de niños (primaria) a través de una profesión de tanto calado
como es la de maestro neuroeducador.

Hay muchos más considerandos acerca de esa relación entre
la neuroética y la profesión de neuroeducador. Y es que el neuroeducador del futuro bien pudiera verse consultado acerca de
muchos y diferentes problemas que, nacidos de la propia sociedad, repercuten en el colegio donde trabaja. Valga este mismo
ejemplo, entresacado y modificado de la propuesta original hecha por Adina L. Roskies (2002):

> Supongamos que se pudieran desarrollar fármacos que fueran
> como las vitaminas en cuanto a daños colaterales y capaces no de
> tratar patologías como hasta ahora, sino de potenciar las capaci-
> dades mentales de ciertos niños que aun, digamos, «normales»
> presentasen dificultades «sutiles» en el aprendizaje. ¿No podría
> ser justo y ético tratar con estas «vitaminas» a estos niños? ¿Y por
> qué no, también, a otros niños del colegio en tanto que el térmi-
> no de «dificultades sutiles» es tan etéreo? ¿No podría ocurrir, por
> ejemplo, que algunos padres, conocedores de esta droga (repito,

sin efectos colaterales), decidieran probar a que sus niños, «absolutamente normales» en cuanto a seguir el curso reglado de la enseñanza, tomasen este fármaco para conseguir que fuesen todavía más capaces y listos de lo que son?

No cabe duda de que hacerle un planteamiento así al neuroeducador de un colegio sería de mucha enjundia. ¿Cuál podría ser su contestación y cuántos considerandos éticos podrían verse involucrados en esa respuesta?

Sin duda, estos aspectos o principios base de un buen trabajo, debido a su complejidad, no son algo que pueda ser exigible en el mismo grado a todo aquel que termine o practique una determinada profesión, pero sí, desde luego, en profesiones como, junto con la de neuroeducador, la de médico, juez, abogado o ingeniero, por ejemplo. Lo que trato de decir es que en cada uno de estos tres aspectos, que antes considerábamos básicos y centrales a un buen trabajo, hay una escala muy amplia, como también la hay con relación a su conjunto. Uno puede ser bueno o regular en cada uno de los tres pilares citados, pero también, por ejemplo, ser excelente en la técnica y no gustarle el trabajo que hace, lo que sin duda podría repercutir en los aspectos éticos de su trabajo. De modo que incluso en cada una de estas características, y aun dándose todas ellas, existirían grados diferentes de excelencia.

A lo que nos conduce todo esto es a que pareciera evidente que la profesión de neuroeducador es una propuesta no exenta de dificultades y altamente exigente, entre otras cosas porque en ella convergen muchas encrucijadas. Y es que, más allá de los aspectos generales que iremos considerando en relación con esta profesión, y que trataremos en el capítulo 6 con más detenimiento (como su papel de orientador en los problemas del niño en el colegio, a la hora de resolver mitos en la educación o de diseñar nuevas estrategias educativas en un marco de enseñanza multidisciplinar), habría que añadir la obviedad de las características personales, psicológicas, del que la ejerce, en cuanto a ser capaz, sobre todo emocionalmente, de conjuntarse por un lado con los demás maestros o profesores y los alumnos (esto es evidente) y por otro también con los padres de estos estudiantes a lo largo de casi todo el arco de las enseñanzas preuniversitarias. Y también, por si fuera poco, la eventualidad de tener que interactuar algunas veces con los medios de comunicación, o con políticos o legisladores, y su repercusión en cuanto al prestigio del colegio.

Y añadido a todo esto, ya casi al final, ¿qué otras características podrían considerarse o incorporarse al futuro neuroeducador? Se ha venido hablando en la literatura acerca de la posibilidad de que un neuroeducador bien pudiera ser un neurocientífico o un neurólogo, o inclusive cualquier licenciado universitario con formación posterior en neurociencia y con capacidad y amor por la docencia y alguna experiencia práctica en ella. Yo considero que, tal vez, desde ciertas perspectivas, un neurocientífico bien pudiera ser lo ideal, dado el enorme y complicado cuerpo de conocimientos que representa la neurociencia, y la dificultad añadida de su complejo lenguaje. Pero es cierto, también, y a la luz de muchos otros comentarios, que los maestros podrían tener justificadas reservas en cuanto a que fueran los neurocientíficos, a pesar de sus conocimientos, los profesionales más adecuados para transferirlos. Y es que los maestros consideran, y también exigen, que de alguna forma se contemple en estos posibles nuevos profesionales la utilización, el uso, de un lenguaje sencillo, directo y asequible para ellos. Ante esto último quedan así planteadas otras diversas posibilidades: ¿neurocientíficos alejados ya de la primera línea de investigación, pero con talentos y querencia por la educación, reconvirtiéndose en neuroeducadores? ¿Neurólogos clínicos con vocación docente específica? ¿Maestros o profesores que hayan cursado estudios y tengan alguna experiencia relacionada con la neurociencia? Como veremos más adelante, la formación que aquí se propone para un neuroeducador, a tenor de otros muchos considerandos que se plantean, es primero la de la obtención del Grado de Maestro en Primaria (modificado en cuanto al contenido de las correspondientes asignaturas optativas), seguido de un máster especializado en neurociencia con el título de «Maestro Neuroeducador».

Y un apunte final. Quisiera creer que casi todo el mundo, en todo el arco de la enseñanza, terminará viendo al neuroeducador como una profesión necesaria en un colegio, un profesional que, deberíamos decirlo ya, podría, de hecho, iniciar su trabajo ahora mismo, sin dejar de considerar, por supuesto, que la plenitud de su labor pertenece al futuro. Todo esto nos lleva a considerar al neuroeducador como una profesión altamente ambiciosa y en movimiento siempre hacia delante, con una constante actualización de sus contenidos de neurociencia a medida que avancen los conocimientos científicos actuales y sus convergencias con las humanidades. Y añadido a todo esto, y de alguna manera aún indirecta, pienso que el neuroeducador debería ser un vehículo importante en la transmisión a los alumnos, desde primaria, si no antes, de los valores de la ciencia para un país. Debería ser el vehículo transmisor y transformador de esa nueva cultura de la que hemos venido hablando.

5

¿CUÁL DEBERÍA SER LA FORMACIÓN DE UN NEUROEDUCADOR?
Consideraciones generales

Desde que se comenzó a gestar la idea de la nueva profesión de neuroeducador, en paralelo se fue considerando la importancia de una serie de materias necesarias para su formación. Como figura base, el neuroeducador vino a ser considerado en sus principios como «una nueva perspectiva en la educación del propio maestro». Esto último ya señalaba, de alguna manera (me refiero ahora a la palabra «maestro»), la clara cercanía profesional que existía entre ambas ocupaciones (maestro y neuroeducador). En cualquier caso, sirva este sucinto repaso de algunos puntos temáticos que voy a exponer ahora como introducción a la propuesta programática ya estructurada (en relación con la formación de un neuroeducador) que detallo en los dos capítulos siguientes.

Pues bien, entre las materias que, a lo largo de todo este tiempo, precursor de los conocimientos actuales, fueron consideradas como disciplinas necesarias, por un lado está la propia anatomía humana (es decir, el estudio del cuerpo humano, incluyendo en ello cabeza, cuerpo y extremidades, músculos y tendones, vísceras, sistema autónomo o vegetativo y los sistemas sensoriales, motores y cognitivos) y, por otro, conocimientos suficientes sobre psicología, neurología y neurofisiología clínica. También se consideraba importante conocer las principales enfermedades pediátricas, así como los síndromes o lesiones cerebrales (aun cuando sutiles) que pudieran interferir más específicamente en los procesos de aprendizaje y memoria en la clase. Todo esto ya nos permite ver con claridad el preciso enfoque biológico, «neuro», de la profesión de neuroeducador.

Junto a todo lo anterior, se fue considerando, más adelante, la importancia de otros temas relacionados con esa biología humana, cerebral, y el medio ambiente, así como los relacionados con la percepción sensorial y más específicamente con la visión, la audición y el tacto, todo ello vinculado a los procesos de la atención, la emoción y la cognición. Asimismo, también se consideraba importante el estudio de los síndromes que afectan al normal desarrollo del lenguaje, la lectura y la escritura, el aprendizaje básico de la matemática y la conveniencia de conocer los componentes emocionales de la comunicación verbal, lo que incluía la estructura del lenguaje. Finalmente fueron considerados también importantes los conocimientos acerca del desarrollo de la personalidad que facilitasen la detección de problemas con origen en la familia, el colegio u otros y que, llegado el caso, podrían repercutir en la relación del niño con los compañeros e incluso con los propios profesores en el colegio.

Todos estos apuntes derivaron en una lista de materias, ya algo más formales, relacionadas con la perspectiva educativa del neuroeducador (Cruckshank, 1981), con un enfoque inicial (ya lo comentamos en el capítulo anterior) orientado hacia los niños que sufren dificultades o síndromes que interfieren con el aprendizaje, un tema que es considerado central y uno de los problemas del desarrollo más importantes y complejos. En este borrador de materias, expuestas de modo solo enunciativo, se sopesaban las capacidades y conocimientos que el estudiante debería poseer de forma imprescindible al concluir:

1.   Conocimientos de la anatomía del cuerpo humano en toda su dimensión, incluyendo además los procesos fisiológicos

y anatómicos generales en relación con las etapas embriológicas y fetales del desarrollo humano.

2. Los problemas de aprendizaje resultantes de tensiones emocionales por una enseñanza inicial pobre o por otros factores ambientales, sociales o familiares.

3. Trastornos del lenguaje.

4. Comprensión básica del cerebro y la inteligencia.

5. Curso básico sobre funciones y disfunciones sensoriales.

6. Curso básico sobre aprendizaje y memoria.

7. Curso sobre cognición.

8. Curso sobre problemas del sistema motor y la percepción (visual, auditiva, táctil) en relación con la lectura, el deletreo (letra por letra) y la escritura.

9. Curso de oratoria (aprender a hablar bien).

10. Curso sobre trastornos emocionales.

Además, a todo lo que acabamos de describir, con el tiempo se añadieron algunas otras consideraciones generales acerca de la capacidad del neuroeducador de informar a los padres de modo completo y con seguridad de los problemas de aprendizaje que presentan sus hijos, dándoles orientación sobre cómo tratarlos en casa (y sobre su relación positiva con el juego) y motivándolos a apoyar a sus hijos con alegría, cariño y comprensión.

Hoy en día, pocos dudan de la relevancia de la relación padres-colegio, pero también es cierto que se comienza a tener conciencia de que, hasta hace relativamente poco tiempo, esa relación nacía de la existencia de problemas, que se presentaban en algunos casos a la hora de seguir los niños el ritmo normal de la enseñanza del colegio. Hoy, muchos pensamos que esta relación padres-colegio debería ser obligatoria y estar formalmente institucionalizada. Esta temática se considera de una importancia trascendental, ya que se estima que los niños con algún tipo de dificultad que altere o interfiera con el aprendizaje y la memoria en el colegio bien pudieran alcanzar (según algunas estimaciones) alrededor del 20 o el 23% del total. Es decir, que se trata de un tema sustancial. Pues bien, a pesar de todo ello, el tema de la relación institucional familia-colegio aún no ha sido plenamente abordado de una forma que refleje la importancia que tiene. Y me refiero, añadido a todo lo anterior y ahora en particular, al claro desajuste que existe entre los «valores» enseñados en el colegio y los enseñados en casa. De ahí la necesidad de que se produzca un cambio en esta perspectiva. Un cambio que bien pudiera ser instrumentado no solo a través de tutores en el colegio (que también), sino además, y de modo sobresaliente, a través de la figura de ese nuevo profesional que venimos denominando «el neuroeducador».

En este último tipo de problemas (la labor conjunta y convergente de padres y colegios en lo referente a la educación de valores), que son muy numerosos, se debería trabajar sobre la idea de una institucionalización de encuentros formales que lleven a la construcción de un programa positivo en casa que extienda y converja con aquel que se desarrolla en el propio colegio del niño. De ahí, lo reitero, la necesaria institucionalización (programada a lo largo del curso) de la relación padres-colegio (neuroeducador). Se trata, pues, de temas con un enorme trasfondo no solo cognitivo sino, sobre todo, emocional. Y hablamos de temas trascendentales, porque en potencia deberían ayudar a crear en los niños un sentimiento de protección, al tiempo que de formación, seguridad y libertad, y con ello inducirles a desarrollar una más alta capacidad creativa.

6

NEUROEDUCADOR
Orientador en los problemas del niño en el colegio. Niños superdotados. Educación inclusiva. Resolución de mitos en la educación. Diseñador de nuevas estrategias educativas

Repasando y potenciando lo expuesto en capítulos anteriores, y antes de plantear la propuesta programática definitiva que debería llevar a la obtención de la titulación de «Maestro neuroeducador» (capítulo 7), me gustaría, de nuevo, reiterar que el neuroeducador debería ser un profesional que poseyera las características y capacidades para una buena comunicación interpersonal, un buen conocimiento de las tecnologías empleadas en el estudio del funcionamiento del cerebro, una vocación certera hacia el nuevo trabajo y sólidos principios éticos. Bajo estos presupuestos, en el colegio un neuroeducador, ya lo hemos también adelantado, no impartiría clases directas a los alumnos, pero sí tendría un profundo conocimiento de la enseñanza reglada, fundamentalmente de la enseñanza impartida en los colegios de primaria. Sería un «maestro» de referencia, en íntimo y constante contacto con los maestros que imparten las clases del día a día en el colegio. Un experto con una buena formación básica en neurociencia en convergencia, lo reitero, con la psicología, la sociología, la ética, la filosofía, la medicina, la genética y la epigenética, y también la inteligencia artificial y la robótica. En definitiva, una persona preparada con una perspectiva interdisciplinar. Se trataría pues de un profesional competente con un caudal de conocimientos altamente exigentes. Es decir, un profesional capaz de introducir los fundamentos de una educación resaltando el valor de la evidencia, o, si se quiere, una educación basada en el pensamiento crítico, analítico y creativo. Y añadido a todo esto, reitero que un neuroeducador, al igual que los demás maestros del colegio, debería ser un profesional capaz de hacer resaltar el valor de la individualidad de cada alumno, de su ser único, diferente, y que este fuera el eje de todos los procesos conducentes a una mejor y más acertada educación. Supuesto lo anterior, me gustaría ahora comentar y destacar tres aspectos principales de la labor diaria que considero tendría que desarrollar el neuroeducador de un colegio:

1. Orientar a los padres hacia los profesionales especializados para la solución de los posibles problemas que cada alumno pueda presentar en la clase. En este sentido, el neuroeducador debería recibir una información individualizada de cada alumno y actuar como guía hacia esas soluciones en relación con cualquier singularidad especial, sea un déficit (algunos niños con ciertos síndromes) o un exceso (algunos niños superdotados), y los problemas que ello pudiera plantear en la clase. En este contexto también se hará referencia a la educación inclusiva.

2. Un detector de mitos (falsas verdades) acerca de los contenidos de la instrucción y la educación que se ofrece o se enseñe en el colegio y su desbroce, limpieza y eliminación.

3. Y, por último, y en positivo, una labor como diseñador o colaborador en la investigación de nuevas estrategias educativas nacidas a la luz de los conocimientos de la neurociencia conducentes a una innovación en la enseñanza en el colegio. Esto último representaría, además, esa nueva dimensión de la que venimos hablando acerca del valor de la ciencia en la educación,

llevando al propio colegio a un nivel más alto de referencia para los nuevos tiempos que se avecinan.

Es evidente que existen grandes avances, tanto en la medicina como en la psicología, que permiten no solo detectar sino tratar con efectividad a los niños con problemas psicológicos o neurológicos sutiles que les impiden o dificultan un proceso normal de aprendizaje en la clase. Paralelo a ello, hay importantes progresos en la neurociencia, y en particular en la neurociencia cognitiva, que nos permiten comenzar a determinar parte de los posibles sustratos neuronales y psicológicos de esas disfunciones. Me refiero a síndromes como, entre otros muchos, la dislexia, la disgrafía, la discalculia, los déficits de atención e hipermotilidad, la ansiedad, los miedos, el estrés, el autismo o las lesiones cerebrales sutiles, así como otros procesos, como pueden ser los síndromes depresivos reactivos a situaciones múltiples y diversas y, por supuesto, y como consecuencia, el propio sufrimiento y las conductas reactivas de los niños. Unos sufrimientos que pueden ser conscientes o inconscientes, no tipificados, y que pueden sucederse por múltiples causas, arrancando desde el entorno familiar inmediato en el que vive el niño hasta casos producidos por el entorno social en el colegio.

Es indudable que la neurociencia cognitiva está proporcionando constantemente conocimientos nuevos, sobre todo acerca del papel de las emociones en los propios procesos mentales. En especial en el caso de los niños, la importancia de todo ello reside en el hecho de que estos considerandos pueden influir en funciones esenciales para el aprendizaje en la clase, alterando el estado emocional básico que el niño requiere para aprender, como por ejemplo la alegría y la disposición placentera y positiva hacia todo lo que se le va a enseñar. Y con esa alegría el despertar de la curiosidad, y con ella la apertura de las ventanas de la atención, que es lo que permite propiamente aprender y memorizar y alcanzar nuevo conocimiento.

Creo que todo lo que acabamos de comentar son cuestiones muy relevantes para un colegio. Sobre todo los problemas relacionados con las diferentes modalidades perceptivas, sensoriales (principalmente de los sistemas visual y auditivo) o motoras que provocan una incidencia especial de errores, por ejemplo, los que se cometen con la lectura y la escritura; buen ejemplo de ello serían los cuadros de dislexia o disgrafía. O problemas más generales, como el síndrome de la hipermotilidad y desatención, especialmente por su repercusión inmediata sobre los otros niños del entorno de la clase.

Precisamente, querría hacer ahora referencia específica a este último síndrome (TDAH: Trastorno por Déficit de Atención e Hipermotilidad, o ADHD: *Attention Deficit Hipermotility Disorder)* como ejemplo de cuanto vengo señalando por su relevancia especial, tanto en su relación con los sustratos cerebrales específicos que lo sustentan como por su significado tanto académico (colegio) como personal, familiar y social. Y también, a continuación del TDAH, y por su valor en relación con lo que venimos considerando, como valor en sí mismo, describiré la problemática en torno a los niños superdotados y haré una referencia a otro tema importante: el de la educación inclusiva.

El TDAH es un síndrome (conjunto de síntomas) muy complejo que se expresa en algunos niños (cuando está bien diagnosticado) con un aumento de la conducta motora espontánea (a veces conjuntada con impulsividad) y con una falta de atención a las enseñanzas en la clase. Se ha estimado que este TDAH tiene una incidencia de alrededor del 9% entre los niños en edad escolar, con una persistencia que puede alcanzar hasta la adolescencia y en algunos casos más allá de ella. Su prevalencia es mayor en los niños que en las niñas (75% niños). Son niños que se distraen fácilmente y cambian de modo rápido su foco de atención hacia estímulos nuevos que entran en su campo visual, sean estos un objeto, una persona o un animal en la calle, o en la clase el bolígrafo de colores del compañero o cualquier otro estímulo sobresaliente en relación con el profesor o cualquiera de los compañeros. En cualquier caso, se trata de una conducta que no solo lleva a la desatención y a sus consecuencias sobre el propio niño, como la dificultad para aprender lo que se dice y enseña en la clase, sino que también influye de forma negativa en el desarrollo normal de su relación personal con sus compañeros y, por supuesto, en la atención y el aprendizaje de los otros niños de la clase.

Al parecer, en este síndrome no existe un sustrato genético bien definido o, si se quiere, su componente genético es poco claro y muy complejo. Y se trata de un síndrome, por otra parte, que parece potenciarse en relación con muchos factores ambientales. Se ha destacado, por ejemplo, la influencia del consumo de tabaco en el hogar (padres fumadores, niños fumadores pasivos), malos hábitos alimenticios (obesidad), hábitos sedentarios (falta de ejercicio físico), situaciones emocionales negativas en la familia y también conductas (como navegar mucho por internet) de las que el niño aprende y a partir de las cuales crea hábitos de atención rápidos o muy rápidos generadores de ansiedad e impulsividad en detrimento de los procesos atencionales necesarios para la atención ejecutiva requerida para el desarrollo del estudio y de la memoria explícita.

Hay estudios psicológicos que describen que en estos niños que padecen desatención se produce también una falta de motivación hacia el logro de objetivos, dándose por ejemplo una pobre respuesta ante recompensas en la vida diaria. Estos déficits en la motivación y el «ser y estar» placenteros han sido atribuidos a diversos factores muy dependientes de la riqueza ambiental que requiere un niño durante su desarrollo, tales como el juego o la interacción con sus padres o el entorno familiar y social más inmediato. Quisiera resaltar a este respecto los resultados de varios estudios experimentales hechos en animales (ratas) a los que se les realizan lesiones en un sistema de recompensa específico del cerebro (vía o sistema mesocortical dopaminérgico —área ventrotegmental del mesencéfalo-corteza prefrontal—), que demuestran una conducta de hiperactividad y falta de control para la inhibición de ciertas otras conductas. En estos animales se presenta un déficit en la liberación del neurotransmisor dopamina en la corteza prefrontal. Lo interesante es que el tratamiento con anfetaminas (fármaco que produce un aumento de la liberación del neurotransmisor dopamina en la corteza prefrontal y otras áreas cerebrales) mejora los síntomas de hiperactividad y desatención en los animales. En este sentido, no deja de ser destacable el hecho de que, precisamente, los niños bien diagnosticados de TDAH que son tratados con derivados de esa molécula de anfetamina (el fármaco metilfenidato) también mejoran de forma significativa en sus síntomas. De hecho, el metilfenidato es el fármaco de elección para su tratamiento. Con todo, es importante apuntar que aun cuando realmente el metilfenidato es claramente efectivo para la atenuación de los síntomas, no es en absoluto curativo del síndrome.

Otros estudios de registro de la actividad cerebral, realizados sobre estos niños que sufren el síndrome TDAH utilizando técnicas de resonancia magnética funcional, han encontrado una cierta disfunción en esa corteza prefrontal junto con otra área cerebral motora importante, en este caso los ganglios basales. Estos últimos estudios podrían justificar la falta de inhibición en la conducta motora y la desatención, y también los déficits en la memoria de trabajo que padecen estos niños. Además, de modo más reciente se ha puesto de relieve que existe una baja actividad frontal que repercute en el déficit de su «foco atencional» y las funciones ejecutivas que padecen. Más expresamente, estos síntomas se han visto relacionados con una activación reducida en la corteza prefrontal inferior derecha, la corteza cingulada anterior (interacción de funciones como la emoción, la cognición, la intención y la acción) y la corteza motora suplementaria.

En paralelo a todos estos tratamientos farmacológicos, se han puesto de relevancia otros, como el beneficio de ciertos juegos neurocognitivos junto con la realización de programas de ejercicio físico aeróbico diario. No es aquí el lugar de realizar su descripción detallada, pero sí, quizá, de resaltar que los programas de ejercicio físico aeróbico han mostrado ser de valor terapéutico en casos de niños con TADH. Y así, por ejemplo, algunos colegios inclusivos han instalado, bajo la mesa de sus pupitres, unos pedales que estos niños pueden utilizar para mover las piernas constantemente mientras atienden la clase, rebajando con ello sus síntomas de hipermotilidad, desatención y también ansiedad. Complementariamente, la aproximación terapéutica en forma de juego (realizada de forma paralela a la práctica de un ejercicio físico programado, constante y diario) potencia y hace estos efectos más permanentes gracias a los cambios plásticos del cerebro que el mismo juego produce. Es claro que a esas edades tempranas los mecanismos de la plasticidad cerebral son de una alta actividad, potenciada, además, por la repetición constante de los procesos de aprendizaje y memoria. Y no cabe duda de que el juego, ese «disfraz del aprendizaje», ese mecanismo emocional inconsciente que empuja a la realización y repetición de ese mismo juego (aprendizaje emocional, sensorial y motor inconsciente), es el instrumento más poderoso inventado por la naturaleza para su realización y consecución. Hoy existen juegos neurocognitivos con un diseño específico (incluyendo la actividad física aeróbica) para la mejora de estos síntomas específicos del TDAH que al parecer son muy efectivos.

En definitiva, el síndrome TDAH es muy complejo en cuanto a sus substratos cerebrales y psicológicos y requiere de investigación cerebral constante con la esperanza de una aproximación terapéutica más certera en su resolución. Y me refiero ahora, precisamente, a las consecuencias (muchas de ellas aún hoy desconocidas) de los efectos de los derivados de las anfetaminas en territorios del cerebro en desarrollo (como es el caso de un niño de primaria) y en sus muchas redes neuronales no relacionadas con el sustrato de este síndrome en concreto. Por ello se viene tratando de preconizar cada vez más, aunque lentamente, el tratamiento psicológico frente al tratamiento farmacológico.

En otra dimensión diferente se encuentra el caso de los niños superdotados, entendiendo aquí por superdotados a los niños con un IQ (coeficiente intelectual) superior a 130, que representan el 0,42% de los niños escolarizados en España (Ministerio de Educación, 2018). Y es que algunos de ellos también requieren ayuda a la hora de adaptarse a su entorno escolar. Paradójicamente, se produce el caso de que estos niños de altas capacidades son alumnos que pueden sufrir un rendimiento académico «bajo», en parte por la desmotivación que sufren ante tareas para ellos excesivamente repetitivas y tediosas, que reducen su interés, tanto en lo que afecta a las interacciones con los compañeros de clase como a seguir con eficiencia sus propios estudios. Añadido a ello, además, algunos de estos niños desarrollan a veces características personales difíciles, en el sentido de que despiertan antipatías o envidias, y esto les lleva a sentirse incomprendidos o incluso frustrados en el colegio. Por otra parte, los mismos maestros son conscientes de sus limitaciones a la hora de enseñar a algunos de estos niños superdotados, en el sentido de lograr que «despierten» y sean estimulados en su curiosidad precoz hacia todo lo que se les enseña; muchas veces se hace difícil potenciar sus capacidades y ayudarles a alcanzar el máximo posible de su rendimiento mental.

Parece evidente que en todo ello el neuroeducador desempeñaría un papel importante. Primero, a la hora de detectar y confirmar (cuantificar) su característica de superdotado y, tras ello, de orientar a los profesionales (médicos o psicólogos) capaces de diseñar programas con procedimientos personalizados, individualizados, para cada uno en particular, y de hacer un seguimiento de su «estar» y «bienestar» en la clase y en el colegio.

Aquí me gustaría, como acabo de hacer con el caso del síndrome TDAH, resaltar algunos estudios y datos sobre los niños superdotados. Ya sabíamos desde hace tiempo, gracias a estudios que han empleado técnicas de neuroimagen, que existen pequeñas correlaciones positivas entre los resultados de tests psicométricos (inteligencia) y el volumen cerebral total. Estudios que no van más allá, obviamente, de mostrarnos esa relación entre tests psicológicos y los posibles substratos anatómicos cerebrales (neuronales) que sustentan la inteligencia. En cualquier caso, hoy sí tenemos estudios suficientes que muestran una implicación más específica de esa «inteligencia» con algunas áreas de la corteza cerebral concreta, como son, además de la corteza cingulada anterior, la corteza orbitofrontal, la corteza prefrontal medial y la corteza frontal dorsolateral, precisamente áreas que participan en funciones superiores y complejas como la emoción, el aprendizaje, la cognición, la memoria, la consciencia, etc.

Ahora solo querría, brevemente y de nuevo a modo de ejemplo, describir los resultados de un estudio que bien pudiera ser un sólido reflejo de esa correlación entre la inteligencia y algunos de los substratos cerebrales que la sustentan. Dicho estudio se basó en el supuesto de que, en base al coeficiente de inteligencia (IQ) de los niños, el patrón de desarrollo de su corteza prefrontal (que tiene correlaciones tanto estructurales como funcionales con la inteligencia) debería diferir según dicho IQ. Efectivamente, los resultados mostraron que la expresión neuroanatómica de la inteligencia en los niños es dinámica, y que es el patrón o pauta temporal de engrosamiento cortical de determinadas regiones frontales de la corteza cerebral lo que se relaciona con su nivel de inteligencia. Este estudio concreto que comento se realizó con 307 niños y adolescentes con un rango de edad desde los 7 hasta los 19 años, sin historia familiar de antecedentes psiquiátricos o neurológicos y sin que se detectaran diferencias entre diestros o zurdos o por su género. Se utilizaron registros hechos con resonancia magnética funcional, medidos en diferentes puntos de la corteza prefrontal izquierda y derecha. La muestra se dividió en tres grupos de IQ (según la escala Weschler de inteligencia): inteligencia superior (niños superdotados: IQ entre 121-149), inteligencia alta (IQ 109-120) e inteligencia media (IQ 83-108).

En este estudio, el grupo de los niños superdotados presentó una corteza prefrontal relativamente delgada en la primera infancia (7 años) para, después, mostrar a lo largo de la edad un incremento acentuado de su grosor inicial, con un pico máximo alrededor de los 11 años seguido por un posterior descenso hasta los 19 años. En contraste, el grupo de niños de inteligencia alta mostró un grosor inicial de la corteza prefrontal (de los 7 a los 8 años) superior al de los niños superdotados pero que, sin mediar incremento alguno, se siguió de un descenso de ese grosor cortical continuado y estable hasta los 19 años. El grupo de niños con inteligencia media siguió un patrón temporal muy similar al presentado por los niños de inteligencia alta. La interpretación posible de estos datos es muy amplia, y varía en función del contexto especial con que se relacione. Baste aquí señalar que existe un correlato muy claro en un área del cerebro como es la corteza prefrontal (cuyas redes neuronales, en conexión con otras áreas de asociación de la corteza cerebral, se relacionan con funciones como son los sentimientos, la cognición, el aprendizaje, la memoria o la consciencia, ya señaladas en los parágrafos anteriores), que diferencia a los niños superdotados de los que no lo son o no lo son tanto. Y, por lo tanto, justifican la atención y supervisión de su potencial problemática en el colegio.

Y ahora, y en este contexto, quisiera hacer finalmente algunas reflexiones en torno a la educación inclusiva. En un parágrafo extraído de la así llamada Declaración de Salamanca (Conferencia Mundial sobre Necesidades Educativas Especiales: Acceso y Calidad [1994]) se especifica que «la educación inclusiva debe acoger a niños discapacitados, "superdotados", que viven en la calle o que trabajan, de poblaciones remotas o minorías lingüísticas, étnicas o culturales o de grupos o zonas desfavorecidos o marginados». En esta misma línea, ahora mismo, se ha expresado también la nueva Ley Orgánica de Educación (LOMLOE) en su artículo 4.3, que hace referencia al amparo, atención y supervisión de estos niños. Dice así:

> Sin perjuicio de que a lo largo de la enseñanza básica se garantice una educación común para todo el alumnado, se adoptará la inclusión educativa como principio fundamental, con el fin de atender a la diversidad de las necesidades de todo el alumnado, tanto del que tiene especiales dificultades de aprendizaje como del que tiene mayor capacidad y motivación para aprender.

Todo esto da pie a hacer expresa, en este capítulo, la definición de educación inclusiva, que dice así: «La educación inclusiva es el derecho de todos los alumnos a recibir una educación de calidad que satisfaga sus necesidades básicas de aprendizaje [...] en un proceso de identificación y respuesta a la diversidad, reduciendo la exclusión en la educación» (Organización de las Naciones Unidas para la Educación de la Ciencia y la Cultura, Unesco). Esta última definición se hace explícita en el extenso documento publicado por el Ministerio de Educación, Cultura y Deporte de España (Observatorio estatal de la discapacidad, Fase 1 [303 páginas, 2018], disponible en: https://www.observatoriodeladiscapacidad.info/wp-content/uploads/2019/04/ OED-ALUMNADO-CON-DISCAPACIDAD-FASE-I.pdf), en donde se enumeran las diferentes necesidades educativas especiales. Todo esto lleva a reforzar la idea de que la educación inclusiva implica que todos los niños de una determinada comunidad aprendan juntos, independientemente de sus condiciones personales, sociales o culturales, incluidos aquellos que presentan una discapacidad, aun cuando esto último pueda presentar limitaciones que puedan contemplarse en el marco de la ley, y me refiero, en este caso, a los niños con necesidades especiales y que requieran ir a «Centros de Educación Especial» o las así llamadas «Aulas Hospitalarias». En cualquier caso, es preciso reiterar que todos los considerandos hechos aquí se refieren a aquellos niños con discapacidades a los que, previo estudio, se les recomienda su incorporación a un centro ordinario, es decir, a un colegio estándar, que es donde propiamente se realiza la escolarización inclusiva.

Yo pienso que aquí, de nuevo, la labor del neuroeducador potenciaría al alumno para «aprender a aprender» de acuerdo con sus propias características y su autonomía. Creo que el neuroeducador se hace así irreemplazable en la transformación del mundo educativo y actúa como cimiento de la educación inclusiva que armoniza el aprendizaje y la enseñanza a la vez que atiende a la diversidad.

Y ahora querría hacer una puntualización referida a los niños que requieren de apoyo y atención especial, específica, dentro de un «Centro de Educación Especial». Esta modalidad hace referencia solo a casos excepcionales de alumnos con una gran discapacidad sensorial o física y se realiza previo informe evaluativo psicopedagógico o neurológico, revisado, además, periódicamente, en centros adaptados a las necesidades educativas y con profesores, métodos y recursos técnicos especializados. Y todo ello tratando de aprovechar el potencial de cada niño. Son niños con requerimientos especiales que precisan del apoyo y la ayuda de un adulto para llevar a cabo sus actividades (lo que no implica una discapacidad intelectual). Todo esto está en proceso de revisión constante. Así, en la LOMCE, en la disposición adicional cuarta (artículo 74), se señala:

> El Gobierno, en colaboración con las Administraciones Educativas, desarrollará un plan para que en el plazo de diez años, de acuerdo con el artículo 24.2.e de la Convención sobre los «Derechos de las Personas con Discapacidad de Naciones Unidas» y en cumplimiento del cuarto objetivo de Desarrollo Sostenible de la Agenda 2030, los centros ordinarios cuenten con los recursos necesarios para poder atender en las mejores condiciones al alumnado con discapacidad. Las Administraciones Educativas continuarán prestando el apoyo necesario a los centros de educación especial para que estos, además de escolarizar a los alumnos y alumnas que requieran una atención especializada, desempeñen la función de centros de referencia y apoyo para los centros ordinarios.

La segunda consideración importante hecha alrededor de la función de un neuroeducador es la relacionada con los mitos. Pienso que nadie, o muy pocos, dudaría hoy del papel negativo de los mitos en la enseñanza (aun cuando, también, tantas veces, los propios mitos, a través de su análisis y destrucción, hayan sido fuente fructífera de nuevos conocimientos). Y es que, realmente, un mito es una «falsa verdad». Falsa verdad y, por tanto, origen de infinitos equívocos, falsas emociones, pensamientos y contradicciones. Los mitos están naciendo constantemente, amparados por la incertidumbre. Vivimos y morimos rodeados de mitos. Pero no perdamos la esperanza. Tenemos por delante un largo y nuevo camino por explorar. Un camino que debería llevarnos a encontrar conocimientos contrastados, o al menos nuevas verdades de carácter eventual. Como dice la filósofa Patricia Churchland, «liberándonos de los mitos podemos hacernos más agudamente conscientes de nuestra obligación de pensar sobre un problema en vez de seguir ciegamente una regla».

El término «neuromito» fue originalmente propuesto por Alan Crockard, neurocirujano británico, hace unos 40 años para poner de manifiesto los errores que rodeaban al cerebro en el contexto de la medicina. Tiempo después, en 2002, la OCDE definió «neuromito» como «un concepto erróneo generado por un malentendido o una cita errónea de hechos establecidos científicamente (por la investigación en el campo de la neurociencia) para justificar el uso de la investigación neurocientífica en la educación y en otros contextos». A esta definición habría que añadir lo más sobresaliente en estos errores, que es el hecho de que sean transmitidos y mantenidos en la sociedad en general y en determinadas instituciones en particular (por colegios y maestros), y desde luego por los medios de comunicación. Es importante, además, declarar sin reserva o duda alguna al respecto que, en el caso de los educadores, esta transmisión casi siempre se ha hecho con la buena intención de mejorar la enseñanza.

Déjenme que mencione y comente de entrada el ejemplo de un mito reseñado en la literatura en relación con su influencia en el colegio, que es aquel que indica que «los niños deben beber cada día una cantidad de entre seis y ocho vasos de agua». Pues bien, aun a pesar de que no existe ningún trabajo en la literatura científica ni tampoco evidencia alguna de que un incumplimiento de este aserto produzca un descenso en el rendimiento escolar de los niños, debido principalmente al hecho de que estos beben, bien directa o indirectamente, la cantidad de agua diaria que necesitan para mantener adecuadamente sus funciones fisiológicas normales (agua, refrescos, frutas, etc.), esto ha sido el origen de un mito ampliamente extendido en nuestro entorno cultural. Señala al respecto Paul Howard Jones (2014): «Más de un 25% de los maestros del Reino Unido que fueron preguntados acerca de este tema creen que un fallo a la hora de cumplir este requisito podría ocasionar que su cerebro [el de los niños] se encoja o arrugue (con su correspondiente efecto sobre su rendimiento mental)».

Este es uno de esos mitos que, por supuesto, se han mantenido pensando en el bienestar de los niños. Posiblemente el origen de este mito se encuentre en el hecho cierto de que, en los casos de severa deshidratación, las personas sufren, entre otros síntomas, una afectación de sus funciones mentales. Sin embargo, también está claro que esto no tiene relación alguna con el caso de los niños que no ingieran ese específico y concreto número de vasos de agua diariamente.

Sin duda, el tema de los neuromitos en la educación es de enorme relevancia en nuestras sociedades occidentales. Y máxime, si se quiere, en el contexto de esa interacción de ciencias y humanidades como base de una nueva aproximación a la enseñanza. Lo cierto es que hoy existe una sólida disposición a anclar en el suelo firme de la ciencia conceptos, ideas y metodologías hasta ahora solo provenientes de las humanidades. Es decir, confirmar con los datos de la neurociencia el valor del pensamiento analítico y crítico y, de este modo, con los nuevos conocimientos, borrar los nuevos mitos que aparezcan.

Recordando a Aldous Huxley (1894-1963) y su *Un mundo feliz (A Brave New World)*, cuando escribió que «una verdad sin interés puede ser eclipsada por una mentira emocionante» («An unexciting truth may be eclipsed by a thrilling falsehood»), esto es lo que en gran medida justifica que los mitos sean tan fácilmente aceptados. Es decir, que los mitos, y su anclaje original mágico en tiempos mitológicos, tienen un componente emocional siempre importante, y esto es lo que los hace ser de tanto interés para el ser humano (tanto entre los docentes como entre los que no lo son). En cualquier caso, y añadido a todo esto, también considero relevante ahora reseñar y hacer una breve síntesis de algunos otros factores que pueden haber contribuido a esta fácil aceptación de los mitos en los centros docentes. Entre ellos se encuentran:

1. El abismo que existe entre la formación de los neurocientíficos y el lenguaje que utilizan y la de los maestros o profesores en general, que puede llevar a describir y «entender» los hechos científicos sobre el cerebro de modo equivocado.

2. La enorme dificultad de los maestros y profesores a la hora de entender más específicamente los trabajos científicos originales. Y es que tanto sus diferentes temáticas y las técnicas utilizadas como los niveles de investigación, que van desde lo molecular y celular hasta las funciones de las interconexiones neuronales en las redes del cerebro, hacen muy compleja su interpretación para un no profesional en neurociencia. Esto obliga muchas veces a recurrir a la lectura de «datos» y «noticias» en las revistas de divulgación, en la prensa o en internet.

3. La divulgación de datos científicos sólidos que muchas veces son «maquillados» para hacerlos más atractivos al gran público y conducen a una interpretación incorrecta.

4. En el caso particular de los maestros, ha podido influir el deseo de brillar en el colegio, proponiendo implantar ideas nuevas y diferentes sin, muchas veces, haber consultado ni verse avalados por la lectura reposada de los trabajos científicos originales o respaldados por la crítica de científicos expertos en la materia.

5. La falta de profesionales que pudieran desempeñar el papel de puente de entendimiento entre neurocientíficos, maestros y profesores. Esto último sería el corazón o la «razón de ser» de este libro, con la propuesta de esa nueva figura profesional que es el «neuroeducador».

Hay muchas razones que justifican, por evidente, que los maestros hayan sido el foco de atención principal en lo referente a las consecuencias de la aceptación o aplicación de los mitos en su ámbito de trabajo, precisamente porque son ellos quienes están en contacto docente —muchos años, además— con los niños. Y es con los maestros, principalmente los de primaria, cuando el calado emocional de lo que se aprende, la memoria de lo que se aprende y con quien se aprende, se fija de una forma más firme y duradera para el resto de la vida. Este período sería, por lo tanto, el centro de actuación en el que los «neuroeducadores» tendrían que luchar por deshacer mitos y falsas verdades. Déjenme que exponga, por ilustrativo, un estudio que sintetiza, de alguna manera, cuanto acabo de decir. Se trata del trabajo publicado en 2014 por Howard-Jones, que realizó con un total de 932 maestros de cinco países (Reino Unido, Holanda, Turquía, Grecia y China) que mostraron su aceptación (como verdaderos) cuando se les preguntó sobre una serie de afirmaciones, reflejo de algunos de los mitos más conocidos en el campo de la educación. A los maestros se les hizo, en concreto, la siguiente pregunta: «¿Está usted de acuerdo con la veracidad de las siguientes afirmaciones?». Se podía responder marcando una de estas tres casillas:

— Estoy de acuerdo.
— No estoy de acuerdo.
— No lo sé.

Las afirmaciones (todas falsas) por las que se preguntó a los maestros fueron las siguientes:

1. Solo utilizamos el 10% de nuestro cerebro.
2. Las personas aprenden mejor cuando lo hacen utilizando su estilo de aprendizaje preferido (sea este, por ejemplo, visual, auditivo o cinestésico).
3. Los períodos breves de ejercicios de coordinación (movimientos) pueden mejorar la integración de la función cerebral entre ambos hemisferios cerebrales.
4. Las diferencias en la dominancia hemisférica (cerebro derecho/cerebro izquierdo) pueden ayudar a explicar las diferencias individuales (psicológicas) entre los estudiantes.
5. La atención de los niños disminuye después de tomar una comida o una bebida azucarada.
6. Beber menos de ocho vasos de agua al día puede originar que el cerebro se «encoja».
7. Los problemas del aprendizaje asociados a diferencias del desarrollo de la función cerebral no se pueden remediar con la educación.

Los porcentajes de las respuestas «Estoy de acuerdo» con los diferentes mitos (falsas verdades) fueron los siguientes:

Mito 1: una media del 50% del total de los maestros encuestados (oscilando entre un 43% en Grecia y un 59% en China).

Mito 2: una media del 96% (entre un 93% en el Reino Unido y el 97% en Turquía y China).

Mito 3: una media del 65% (entre un 60% en Grecia y un 88% en el Reino Unido).

Mito 4: una media del 80% (entre un 71% en China y un 91% en el Reino Unido).

Mito 5: una media del 53% (entre un 44% en Turquía y un 62% en China).

Mito 6: una media del 21% (entre un 5% en China y un 29% en el Reino Unido).

Mito 7: una media del 28% (entre un 16% en el Reino Unido y un 50% en China).

Como síntesis, destaca sobremanera el hecho de que los maestros de primaria y secundaria de estos cinco países, de tan diversos niveles culturales y educativos, afirmaron creer, de modo notablemente concurrente, en la veracidad de muchos de los mitos que se les presentaron en la encuesta. Obviamente, se trata de un tema preocupante, dado que estos docentes son los responsables de enseñar a los niños en las escuelas; y no solo se trata de la aceptación y aplicación de algo falso y de sus consecuencias en la enseñanza, sino también, lo que quizá sea más problemático, de que estos niños al crecer serán a su vez transmisores de dichos mitos a la sociedad.

Por último, quiero resaltar la propuesta del papel del neuroeducador como agente activo en el diseño de nuevas estrategias para la innovación en la enseñanza. Considero que el neuroeducador debería ser un profesional central en el colegio, que desde el seno y en constante interacción con los maestros, que son quienes viven la enseñanza y la educación de forma directa en las

aulas, pudiese, junto a ellos y con otros profesionales (neurocientíficos o pertenecientes a otras disciplinas relacionadas con
la educación que hemos referido y resaltado en este mismo capítulo), diseñar, ayudar o colaborar en nuevos estudios conducentes a mejorar y avanzar en el conocimiento de ese acoplamiento
entre la ciencia, la neurociencia y la educación. Considero que
este papel tendría que ser considerado en paralelo a los otros dos
precedentes, constituyendo la tercera pata del trípode que hemos venido comentando como central en la labor del neuroeducador. Y añado, además, que el papel del neuroeducador y su
labor en este diseño (o en la colaboración con quien dentro o
fuera del colegio fuera la figura o el investigador principal de
dicho diseño) contribuirían a resaltar el prestigio del colegio en
cuestión.

Creo que colaborar con el avance del conocimiento, aun
desde un trampolín muy modesto (ya sea en ética, psicología, diseño docente, estadística, etc.), debería ser una exigencia básica
para el neuroeducador. Sería el motor en la construcción de «un
clima» en esa estructura moderna del colegio, demostrando que
se trabaja en esa nueva dimensión de la enseñanza que implica
tomar ventaja y hacer realidad de base la utilización del pensamiento crítico y analítico, y en la medida de lo posible, creativo
(observación, hipótesis, etc.). Esto significa mostrar, abierta-
mente y como evidencia, que cuanto se hace en la enseñanza de
ese determinado colegio gira en torno a esta nueva dimensión. Y
más allá, lo que trato de decir con todo esto es que la investigación o diseño de nuevos estudios debería involucrar a los propios alumnos del colegio sobre la base de preguntas planteadas
en cuestionarios bien claros y definidos, cuyos resultados pro-
porcionarían luz acerca de problemas ya existentes en ese mismo
colegio que supuestamente serían aplicables a otros centros. Esto
significa, por añadido, crear «un ambiente», «un clima» de «pen-

samiento científico» (crítico y analítico), como acabo de señalar, entre los propios maestros y estudiantes en relación con cuanto se enseña y educa. Y se expande, además, en lo referente a proporcionar un valor y un significado real, sobresaliente, a la ciencia, un valor equivalente al que tienen las artes, sobre todo en los países en los que precisamente lo primero, la ciencia, es muy pobre o no existe como cultura.

En definitiva, en un futuro inmediato, un «buen colegio» de los que ya existen en muchos países, incluido el nuestro, debería distinguirse como una institución cuyo rigor en la enseñanza se base en esos principios que van más allá de lo que se explica (instrucción) o en lo que se educa (valores) en clase. Es decir, observar, crear preguntas e hipótesis, recordando una vez más a Noam Chomsky, sobre lo observado y hacer investigaciones acerca de la veracidad de la hipótesis que sustenta lo observado. Y eso llevarlo a las raíces de toda enseñanza para que, por lo tanto, embeba el desarrollo cotidiano del colegio. Esto incluye a ambos (lo reitero): los profesores y los propios alumnos. Todo esto deberá proporcionar «una impronta», «un sello distintivo», «un formato nuevo» y diferente para un determinado colegio. Y todavía más lejos —algo de esto hemos señalado antes—, hacer crecer esas raíces que son las ideas en los docentes y discentes de primaria sobre esa nueva cultura de la ciencia a la que nos lleva la nueva convergencia entre diferentes disciplinas académicas al amparo del gran paraguas que son esos dos grandes mundos de la ciencia y las humanidades.

7

NEUROEDUCADOR: GRADO Y MÁSTER
Un bosquejo de plan de estudios

Antes de nada, y a riesgo de resultar repetitivo, quisiera resaltar la propuesta que se hace en este libro y que es, de hecho, su motivo central. Me refiero a la propuesta de que, para alcanzar la titulación de «Maestro neuroeducador», se han de realizar primero todos los estudios necesarios para la obtención del Grado de Maestro de Primaria (con los cambios específicos que también se proponen a través de las modificaciones de las asignaturas «optativas» del mismo, así como del Prácticum y el Trabajo de Fin de Grado). Estudios que serían la base para continuar con la realización de un máster y la titulación final de «Maestro neuroeducador». Todo ello basado, además, en el hecho claro y explícito de la edad de los niños en la que más necesaria se hace la profesión de «neuroeducador», es decir, la edad que se enmarca en el tiempo que transcurre entre los 5-6 años y los 12 años. Dicho esto, quisiera ahora pormenorizar una serie de conceptos básicos en los que se sustenta la normativa que se aplica. Por un lado, para los estudios del Grado de Maestro de Primaria y sus menciones especializadas, y por otro, para la realización de una titulación posterior, también especializada, en este caso de un máster.

El Proceso de Bolonia o Plan Bolonia es el nombre que, en la así llamada «Declaración de Bolonia» (1999), denomina al acuerdo firmado por los ministros de Educación de la Unión Europea, junto a los de Rusia y Turquía, en la ciudad de Bolonia. Acuerdo que se cerró especificando la necesidad de adaptar y homologar el contenido de los estudios universitarios a nivel europeo. Se indujo así el cambio de las denominaciones de los niveles educativos, adoptándose la estructura actual de grados, másteres y doctorados. La Declaración de Bolonia condujo, además, a la creación del Espacio Europeo de Educación Superior, un ámbito que serviría de marco de referencia a las reformas educativas posteriores. En el año 2007, el Gobierno español aprobó un real decreto con el que España ingresaba en el Espacio Europeo de Educación Superior (EEES), logrando así modernizar su sistema de educación superior. Dicho plan quedó materializado en su totalidad en el curso académico 2010-2011.

De este modo, desde el año 2010 las horas lectivas requeridas para la obtención de un grado o título de máster se computan con la denominación de ECTS *(European Credit Transfer and Accumulation System,* o Sistema Europeo de Transferencia y Acumulación de Créditos). Ello implica dividir o clasificar las actividades o tareas formativas de los alumnos en períodos de tiempo basados en una serie de criterios como el método lectivo, la aplicación tutorial, las evaluaciones, etc. Y, por supuesto, sumar el período de tiempo total que conlleva la obtención de un determinado grado valorado en forma de estos mismos créditos ECTS. En cualquier caso, dejemos ya claro, desde el principio, que 1 ECTS equivale a 25 horas de trabajo, siendo además bastante frecuente que una asignatura conste de una duración de alrededor de 6 ECTS, que, de modo correspondiente, equivalen a una duración total de 150 horas. Estas 150 horas hacen referencia a su vez, por un lado, a la sumatoria de las «horas escolares» (presenciales, impartidas por el profesor o profesores de la asignatura), que suponen unas 36 horas (el 25% del tiempo), y, por otro, el tiempo restante (el 75%), a las horas que el alumno dedica al estudio, la investigación o la búsqueda de información complementaria, la «escritura» de ensayos temáticos sobre la asignatura solicitados por el profesor, las prácticas y otras cuestiones como por ejemplo el tiempo invertido en exámenes, tutorías, etc. Este tiempo restante equivaldría a unas 114 horas. En resumen, esas son las horas y la distribución del tiempo que el alumno necesitaría y tiene que dedicar a una materia concreta (asignatura) para aprender la temática y finalmente aprobarla. Todo esto se corresponde con que, de modo ordinario, un año académico requiere 60 ECTS, y se supone una duración total de 4 años para todo el grado. Siendo así, el Grado de Maestro de Primaria tendría un valor total de 240 ECTS, es decir, 6.000 horas, de las que 1.500 (25%) serían lectivas y 4.500 (75%) desarrolladas por el alumno en las actividades anteriormente detalladas. Estos 240 créditos ECTS totales incluyen las prácticas externas (Prácticum) (44 ECTS) y la realización y defensa de un Trabajo de Fin de Grado (TFG) (6 ECTS). Lo interesante de todo esto es el valor añadido de este nuevo sistema de ECTS, que al ser adoptado por las diferentes universidades europeas *(EHEA: European Higher Education Area;* EEES: Espacio Europeo de Educación Superior) ha permitido homogeneizar, acreditar y convalidar las asignaturas y titulaciones académicas correspondientes en igualdad con todas las universidades europeas y con la garantía de calidad de los estudios realizados.

Me gustaría ahora hacer unas consideraciones en relación con el Prácticum señalando el Real Decreto 1393/2007, en su artículo 9.1, cuando indica que «las enseñanzas de Grado tienen como finalidad la obtención por parte del estudiante de una formación general, en una o varias disciplinas, orientada a la preparación para el ejercicio de actividades de carácter profesional». Es de este modo como el Prácticum completaría, de un modo definitivo, la formación en los estudios teóricos de Grado al relacionar la teoría con la práctica. Este Prácticum se cursa gradualmente a lo largo del segundo, tercero y cuarto cursos del grado, combinando el trabajo práctico con seminarios semanales en la facultad correspondiente para permitir así que el estudiante se aproxime a la tarea real del ejercicio profesional y conozca de primera mano cómo se organiza y trabaja en el centro o centros donde se encuentra realizando las prácticas. Claramente, esta es una buena forma de dar un fundamento sólido a lo aprendido como enseñanza teórica.

Siguiendo con el Proceso de Bolonia, y tras la incorporación de España al Espacio Europeo de Educación Superior, los estudios universitarios de Grado exigen para la obtención de la correspondiente titulación la realización de un proyecto de investigación autónomo con una tesina final (Trabajo Fin de Grado o TFG). Su finalidad es proporcionar al estudiante un tiempo que le permita integrar las enseñanzas teóricas y prácticas recibidas y avalar las competencias propias de la titulación. El trabajo se realiza bajo la supervisión de un tutor (supervisor del TFG) y se presenta y defiende oralmente ante un tribunal de valoración (calificación).

Aquí es ya momento de reseñar la importancia del concepto de «Mención» dentro del grado correspondiente. Por «Mención» se entiende una especialidad o el conocimiento específico de una determinada materia dentro de los estudios de grado, que, en el caso que nos ocupa, que es el Grado de Maestro de Primaria, capacita al estudiante, una vez graduado, para desempeñar las funciones especializadas de dicha mención en su labor como maestro para poder optar así a puestos concretos relacionados con la misma (que en el caso de centros públicos será a través de oposiciones). En concreto, para obtener una mención (concurrente con el grado) hay que cursar cuatro asignaturas optativas vinculadas a ella, así como unas prácticas externas específicas y un TFG (Trabajo Final de Grado) relacionado con la temática, que ya hemos tratado en este capítulo. Obtener un grado con una mención permite ampliar las posibles salidas profesionales, ya que esta es muy valorada en los centros de enseñanza. Se puede decir que las menciones son «refuerzos curriculares» que confieren una mayor cualificación a quien las posee.

Tras este largo prolegómeno, ya ha llegado el momento de describir un plan de estudios tentativo con el que proponemos dar fundamento a la preparación académica final de neuroeducador. Es evidente que se trata de una propuesta y, por tanto, obviamente carece de valor académico real. Se trata, como reza el título de este capítulo, de un bosquejo abierto a la discusión, los comentarios y las opiniones que debería involucrar no solo a maestros sino también a profesionales de otras disciplinas a la hora de considerar y con ello valorar su posible valor institucional y académico.

Como hemos señalado en la parte introductoria de este mismo capítulo, esta propuesta consistiría, en primer lugar, en la realización y obtención del Grado de Maestro en Educación Primaria, pero con el añadido, esta vez, de la mención especial de «Neuroeducación». En este caso, y de modo excepcional, la mención de Neuroeducación serviría más que nada como una base de conocimientos introductorios que llevasen posteriormente a la realización de un máster de un curso académico de un año de duración conducente a la obtención de la titulación final de «Maestro neuroeducador». En otras palabras, en el espíritu de esta propuesta se considera la mención de Neuroeducación no tanto como una mención orientada a una preparación que en sí misma condujera a desempeñar ninguna profesión (sí, obviamente, a poder desarrollar la profesión de maestro en primaria, que es para lo que capacita «el corazón» de las materias del grado) sino a ser la base sólida con la que poder continuar con el máster que llevaría a la obtención del título de «Neuroeducador» y, ahora sí, a la práctica de la propia profesión de neuroeducador. Este máster constaría de 60 créditos ECTS que incluirían materias especializadas en forma de lecciones teóricas, amplias prácticas externas y un Trabajo de Fin de Máster. Estos estudios, propongo y reitero, deberían llevar, en su conjunto, al reconocimiento académico final de la nueva profesión de «Neuroeducador», y con ello validar a su poseedor para ejercer dicha profesión en el ámbito abierto de todos los colegios, fueran públicos, concertados o privados, es decir, a poder ser finalmente contratado y «reconocido oficialmente» como «Maestro neuroeducador».

La primera parte de la propuesta que hemos venido comentando (Grado de Maestro de Primaria) hace referencia al cuerpo central de estos estudios, que no se modificaría, aunque sí se introducirían una serie de cambios que afectarían tanto a las asignaturas optativas como al Prácticum y el TFG. Aquí se sugiere que el programa de estos estudios siga al de la Universidad Complutense de Madrid (UCM), que puede consultarse en su página web (https://www.ucm.es/data/cont/docs/titulaciones/57). Esta consideración se basa solo en el hecho de que yo mismo pertenezco como profesor a esta universidad y he tenido la oportunidad de conversar con mis colegas de la Facultad de Educación, pero también quiero añadir que esta consideración se toma a título de referencia, sin ninguna intención impositiva o comparativa con ningún otro Grado de Maestro en Educación Primaria de cualquier otra universidad del territorio nacional, que, por otro lado y en general, son de contenidos muy similares.

En concreto, y en el caso elegido, cuyo contenido explícito y público se puede ver a través del enlace presentado más arriba, las asignaturas que debe cursar un estudiante que aspire a completar el Grado de Maestro en Educación Primaria deben sumar un total de 240 créditos ECTS, con una duración de cuatro años académicos (60 créditos ECTS por año).

GRADO DE MAESTRO EN EDUCACIÓN PRIMARIA

TIPO DE ASIGNATURA

Formación Básica 60 ECTS.
Obligatorias 100 ECTS.
Optativas 30 ECTS.
Prácticas Externas 44 ECTS.
Trabajo de Fin de Grado 6 ECTS.

TOTAL 240 ECTS.

A lo largo de estos cuatro años académicos, además, estas asignaturas se distribuirían del siguiente modo:

— **PRIMER CURSO**

Formación Básica 60 ECTS.

— **SEGUNDO CURSO**

Asignaturas Obligatorias 40 ECTS.
Prácticas Externas 8 ECTS.
Asignaturas Optativas 12 ECTS.

— **TERCER CURSO**

Asignaturas Obligatorias 42 ECTS.
Prácticas Externas 6 ECTS.
Asignaturas Optativas 12 ECTS.

— **CUARTO CURSO**

Asignaturas Obligatorias 18 ECTS.
Prácticas Externas 30 ECTS.
Asignaturas Optativas 6 ECTS.
Trabajo Fin de Grado 6 ETCS.

En relación con las Asignaturas Optativas Específicas que tendría que cursar el estudiante que aspire a obtener la «Mención de Neuroeducación» en su Grado de Maestro en Educación Primaria, propongo (justificadas con su contenido temático especial en concordancia con los conocimientos que tendría que poseer el estudiante de maestro que proyecte ser un «neuroeducador») cuatro asignaturas, cada una de ellas de 6 ECTS; por tanto, un total de 24 ECTS que, para cursar los 30 ECTS del programa de asignaturas optativas, deberá completar eligiendo una quinta (6 ECTS) entre las ofertadas por el programa de asignaturas de su facultad. A continuación se enumeran las materias temáticas que conforman y matizan el currículo para obtener la mención de Neuroeducación. Estas asignaturas serían las siguientes:

1. El valor de la ciencia como conocimiento nuevo (6 ECTS).
2. Neurona, neuroglia y neurotransmisores (6 ECTS).
3. Áreas (anatomía) sensoriales, motoras y cognitivas de la corteza cerebral y sus funciones (6 ECTS).
4. Neuroeducación (6 ECTS).

ORIENTACIÓN EN TORNO A LOS CONTENIDOS DE LAS ASIGNATURAS A CURSAR COMO OPTATIVAS PARA LA MENCIÓN DE NEUROEDUCACIÓN

1. **El valor de la ciencia como conocimiento nuevo (6 ECTS)**

   1.a. La ciencia es cultura.
   1.b. Fundamentos básicos de la educación científica.
   1.c. La ciencia como eje transformador de una sociedad moderna.
   1.d. La ciencia como fuente de pensamiento crítico, analítico y creativo.
   1.e. Pensamiento científico. Observación. Hipótesis. Experimentación.
   1.f. Convergencia entre ciencia y humanidades.

2. **Neurona, neuroglia y neurotransmisores (6 ECTS)**

   2.a. Canales iónicos. Potencial de membrana.
   2.b. Potencial de acción. Interacción neurona-astrocitos.
   2.c. Sinapsis.
   2.d. Neurotransmisores y vías de transmisión específicas.

3. **Áreas (anatomía) sensoriales, motoras y cognitivas de la corteza cerebral y sus funciones (6 ECTS)**

   3.a. Visión, audición, tacto.
   3.b. Convergencia neuronal (tacto-visión).
   3.c. Áreas motoras de la corteza cerebral.
   3.d. Acto motor voluntario e involuntario.

3.e. Haz corticoespinal.

3.f. Áreas de asociación de la corteza cerebral.

4. **Neuroeducación (6 ECTS)**

4.a. Emoción, cognición, consciencia.

4.b. Conceptos neuronales y funcionales básicos.

4.c. Vías y redes neuronales de procesamiento.

4.d. Cómo funciona el cerebro y su aplicabilidad a los procesos de aprendizaje y memoria (INSTRUCCIÓN).

4.e. Cómo funciona el cerebro y su aplicabilidad a los conceptos de valores y normas (EDUCACIÓN).

4.f. Lenguaje, lectura y escritura: Códigos neurales sensoriomotores. Construcción simbólica. Sustratos cerebrales en relación con la semántica, la sintaxis y el léxico.

Se trataría, pues, de estudios y conceptos básicos orientados desde una perspectiva introductoria en neurociencia que se completarían, como ya hemos dicho, con la realización del Prácticum y el TFG también en el ámbito de la neuroeducación. En lo que respecta al Prácticum («Prácticas Externas»), los 44 créditos (ECTS) de trabajo práctico externo se distribuyen entre los cursos segundo (8 ECTS), tercero (6 ECTS) y cuarto (30 ECTS) de los estudios de grado. Se inician de un modo «generalista» (profundizando en el currículo básico del grado de maestro) que ocupará las prácticas externas del segundo año del grado (8 ECTS) y parte del tercero (3 ECTS), y se completan con prácticas de la particularidad «específica» que corresponda en función de la mención elegida por el estudiante (parte del tercer año de grado —3 ECTS— y 30 ECTS el cuarto año del grado).

En lo que respecta a los créditos «específicos», y en nuestro caso para la mención de Neuroeducación, el alumno trabajará en centros de enseñanza concertados con la universidad donde esté plenamente instaurada la enseñanza inclusiva y en centros de educación especial, incluidas las «aulas hospitalarias». Asimismo, realizará estancias rotatorias en determinados centros universitarios hospitalarios, en los departamentos de anatomía, psicología, psiquiatría, pediatría y neurología. Aprenderá técnicas especializadas de terapia ocupacional para niños con trastornos perceptivos, sensoriales o motores. Colaborará en centros de investigación coordinados con la universidad y en instituciones hospitalarias con laboratorios de análisis y experimentación, a los que habría que añadir centros de investigación de empresas farmacéuticas y otros centros de investigación en neurociencia que le permitieran familiarizarse con las técnicas y exploraciones complementarias sobre el cerebro relacionadas con la neurociencia: EEG (electroencefalografía), fRMI (resonancia magnética nuclear funcional), PET (tomografía por emisión de positrones), magnetoencefalografía, estimulación magnética transcraneal, etc. Asimismo, se programará un conocimiento muy básico en colaboración con servicios de programación, informática y robótica. El Trabajo de Fin de Grado (con un contenido que equivaldrá a 6 créditos ECTS) se realizará enfocado a la Mención de Neuroeducación y supervisado por un tutor en el transcurso del último curso del grado (cuarto curso).

Todo ello (Asignaturas de Formación Básica, Asignaturas Obligatorias, Asignaturas Optativas, Prácticas Externas y Trabajo de Fin de Grado) llevaría a la obtención del grado de «Maestro en Educación Primaria con Mención en Neuroeducación» y daría pie fundamentado a proseguir, a continuación, con los estudios más específicos del máster para la obtención final del título de «Maestro meuroeducador».

Me gustaría hacer ahora otro pequeño considerando en relación con el título proporcionado por el máster: «Maestro neuroeducador». Y este es que, entre la obtención del Grado de Maestro de Primaria y la realización del propio máster, bien podría haber un espacio de tiempo abierto y flexible para el maestro. Con esto me refiero a la posibilidad de abrir una cierta adaptación de tiempos ante posibles situaciones personales, profesionales, económicas o de cualquier otra naturaleza que pudieran presentarse tras finalizar los estudios de grado. Por ejemplo, es posible que alguien tuviese la necesidad de una incorporación inmediata que le llevase a ser contratado como maestro de primaria en un colegio (dado que ya posee el título para poder ejercer), lo que supondría retrasar la realización del máster que le acreditaría como «Maestro neuroeducador». Esto no debería ser nunca un obstáculo para la realización del máster en un tiempo posterior. Con todo, es necesario reiterar que el Grado de Maestro en Educación Primaria con Mención en «Neuroeducación» y el Máster en «Maestro neuroeducador» son una unidad irrenunciable requerida para la obtención final de esta última titulación de «Maestro neuroeducador».

Consideremos ahora el máster con la mención de «Maestro neuroeducador». Este máster tendría la duración de un año académico, con un total de 60 créditos ECTS, equivalentes a 1.500 horas de trabajo (sumando todas las horas lectivas y todas las actividades necesarias para la formación del estudiante, tanto presenciales como no presenciales, horas de estudio y de prácticas). El máster aquí propuesto consta de siete bloques que integran un total de 12 asignaturas, a las que se añaden unas prácticas externas (Prácticum) y un Trabajo de Fin de Máster (TFM). Los bloques temáticos (cuyos contenidos se describirán brevemente más adelante) son los siguientes:

MÁSTER EN «MAESTRO NEUROEDUCADOR»

(un año académico, 60 créditos ECTS)

BLOQUE I: CIENCIA (6 ECTS)
1. El valor de la ciencia en la cultura de hoy (2 ECTS).
2. Aprender ciencia elemental en el colegio: consideraciones generales (2 ECTS).
3. Fundamentos de la educación básica de la ciencia en el colegio (2 ECTS).

BLOQUE II: NEUROCIENCIA (6 ECTS)
1. Fundamentos básicos de neurociencia I (3 ECTS).
2. Fundamentos básicos de neurociencia II (3 ECTS).

BLOQUE III: CONVERGENCIA DE CIENCIA Y HUMANIDADES (3 ECTS)

BLOQUE IV: INTELIGENCIA ARTIFICIAL Y ROBÓTICA (2 ECTS)
1. Inteligencia artificial (1 ECTS).
2. Robótica (1 ECTS).

BLOQUE V: NEUROEDUCACIÓN (6 ECTS)
1. Neuroeducación I (3 ECTS).
2. Neuroeducación II (3 ECTS).

BLOQUE VI: MAESTRO NEUROEDUCADOR (10 ECTS)
1. Maestro neuroeducador: una nueva profesión (1 ETCS).
2. Multidisciplinariedad (2 ETCS).

3. Neuroeducador: orientador de los problemas del niño en el colegio. Niños superdotados. Educación inclusiva (3 ETCS).
4. Neuroeducador: vigilante ante los mitos de la enseñanza en el colegio (2 ETCS).
5. Neuroeducador: diseñador o colaborador en el diseño de nuevas estrategias educativas (2 ETCS).

BLOQUE VII: NEUROEDUCADOR: UNA VISIÓN DE FUTURO (3 ECTS)

PRÁCTICUM (18 ECTS)

TRABAJO FIN DE MÁSTER (6 ECTS)

BREVE DESCRIPCIÓN DE LOS BLOQUES TEMÁTICOS Y SUS CONTENIDOS

BLOQUE I: CIENCIA (6 ECTS)

1. El valor de la ciencia en la cultura de hoy (2 ECTS)

    1. La sociedad occidental está entrando en un nuevo ciclo de cultura.
    2. La ciencia representa el logro de un conocimiento siempre renovado acerca de nosotros mismos y del mundo que nos rodea.
    3. La ciencia es uno de los principales motores generadores de la riqueza de un país.
    4. Hacer ciencia de primer nivel requiere de la invención de nuevos diseños teóricos y técnicos (aparatos y métodos de investigación).

5. El enorme valor económico de las patentes.

6. El cerebro plástico («períodos críticos» o ventanas plásticas) en los niños de toda la primaria, y los cambios que en ese cerebro ocurren con el aprendizaje y la memoria a esa edad, nos llevan a considerar el aprendizaje de la ciencia como eje transformador del aprecio y la distinción que para esa ciencia deben tener los futuros ciudadanos.

7. Se debe considerar a la ciencia en el colegio como uno de los fundamentos básicos transformadores de la sociedad y destacar como muy prioritario enseñar sus fundamentos básicos en todos los cursos de primaria.

2. **Aprender ciencia elemental en el colegio: consideraciones generales (2 ECTS)**

1. La emoción y la curiosidad por el mundo que nos rodea.

2. «La curiosidad sagrada» del profesor Charles Sherrington.

3. La ciencia descubre y aporta conocimiento contrastado de lo que hasta ahora conocíamos.

4. El enorme espectro y la diversidad de temas que se estudian en la ciencia. El juego como instrumento de aprendizaje y experimentación en la ciencia.

5. ¿Qué es el método científico? A) Observación (descripción de lo observado). B) Hipótesis: elaboración de una hipótesis o teoría acerca de algún aspecto de lo observado. C) Experimentación: trabajar con los datos de la hipótesis que permitan corroborar o verificar la evidencia de lo observado.

6. Una alta preparación y fluidez en la lectura y escritura en inglés se consideran instrumentos especialmente valiosos en el aprendizaje de la ciencia por su valor en el manejo eficiente y correcto de los datos científicos.

7. Publicaciones científicas: ejemplos, lectura y comprensión de conceptos de la ciencia.

3. Fundamentos de la educación básica de la ciencia en el colegio (2 ECTS)

1. Aprendiendo a pensar científicamente.

2. Conocer, utilizar e interpretar las explicaciones científicas.

3. Preparar a los estudiantes para generar y evaluar evidencias científicas y explicarlas bien.

4. Comprender la naturaleza y el desarrollo del conocimiento científico. Participar de una manera productiva en la práctica científica.

5. Conocer las metas a alcanzar por la ciencia.

6. Concepto de falsación de una teoría científica (Karl R. Popper) y la corroboración o verificación de una teoría científica o sus equívocos.

BLOQUE II: NEUROCIENCIA (6 ECTS)

1. Fundamentos básicos de neurociencia I (3 ECTS)

1. Diseño general y esquema funcional acerca de cómo funciona el cerebro. Áreas de Brodmann.

2. Ritmos neuronales y funcionamiento cerebral.

3. De las neuronas, glía, conexiones, circuitos y redes neuronales del cerebro: canales iónicos y poten-

ciales de membrana. Sinapsis. Neurotransmisores y vías de transmisión específica del cerebro. Funciones.

4. Áreas cerebrales sensoriales. Construcción cerebral (visión) de las formas, color, movimientos, profundidad de lo visto.

5. De la emoción. De lo que es la realidad de lo que nos rodea a la realidad que se percibe y construye con nuestro cerebro.

6. El color emocional de las percepciones.

7. Los caminos neuronales del lenguaje, la lectura y la escritura.

8. El cerebro bilingüe.

9. Cambios neuronales del cerebro producidos por los procesos de aprendizaje y memoria en los diferentes períodos que se suceden a lo largo de la infancia, la pubertad, la adolescencia y la juventud:

PRIMERA INFANCIA: de los 2 meses posnatales a los 2-3 años de edad.
INFANCIA MEDIA: de los 2-3 años a los 7 años.
TERCERA INFANCIA o INFANCIA MAYOR: de los 7 a los 12 años.
PUBERTAD: de los 12 a los 14 años.
ADOLESCENCIA: de los 14 a los 18 años.
JUVENTUD: de los 18 a los 25 años.

10. Los procesos neuronales de la conducta motora.

11. Secuencia anatómica y temporal de los procesos cerebrales que codifican para la percepción, la emoción, la cognición y la acción.

12. Neurociencia cognitiva: fundamentos neuronales básicos relacionados con los procesos mentales y la conciencia.

2. **Fundamentos básicos de neurociencia II (3 ECTS)**

1. Neurobiología del cerebro adulto: de los 25 a los 70-75 años.
2. Plasticidad neuronal de este período del cerebro adulto.
3. Introducción a la neurobiología del cerebro envejecido.
4. Cambios neuronales producidos en los procesos de atención, aprendizaje y memoria durante el largo período del envejecimiento humano.
5. Envejecimiento: del valor de mantener una mente activa, buenas relaciones sociales, ejercicio físico aeróbico, control de la ingesta de alimentos y un sueño profundo.
6. Envejecimiento: del valor del agradecimiento y la felicidad de las pequeñas cosas.

BLOQUE III: CONVERGENCIA DE CIENCIA Y HUMANIDADES (3 ECTS)

1. La dicotomía entre las dos grandes culturas de la ciencia y las humanidades.
2. Hacia una nueva cultura. Del pensamiento de Cajal, Schrödinger, Snow, Kandel, Wilson, Zeki, Steiner, Churchland y Dobzhansky.
3. Del diálogo entre neurociencia y humanidades: neurofilosofía, neuroética, neurosociología, neuroeconomía, neuroestética y neuroeducación.

4. El significado del prefijo «neuro». Antecedentes e historia. Crítica actual.

5. De la fusión o convergencia de asignaturas en las enseñanzas de primaria, ESO (Enseñanza Secundaria Obligatoria) y Bachillerato o «aprendizaje por ámbitos de conocimiento»: ideas, reflexiones y nuevos conocimientos.

6. Reflexión de grupos en el aula persiguiendo encontrar ideas y prácticas educativas basadas en una evidencia contrastada científica (aplicación del método científico).

BLOQUE IV:
INTELIGENCIA ARTIFICIAL Y ROBÓTICA (2 ECTS)

1. Inteligencia artificial (1 ECTS)

1. ¿Qué es la inteligencia artificial? ¿Cuáles son sus fundamentos? Concepto. Tipos.

2. Inteligencia artificial (IA débil) e inteligencia humana (IA fuerte).

3. Ideas, procesos mentales e inteligencia artificial.

4. Inteligencia artificial. Algoritmos y su valor en computadoras y robots.

5. ¿Qué es el *deep learning*? ¿Podría la inteligencia artificial tener alguna aplicación en la educación?

6. Emoción e inteligencia artificial. El gran dilema.

7. Emoción e inteligencia artificial. ¿Se podría crear en el futuro una «máquina» verdaderamente sintiente?

2. Robótica (1 ECTS)

1. ¿Qué es un robot?

2. La antropomorfización o humanización de las máquinas.
3. Robots humanoides. Robots sociales. Definiciones. Características conductuales.
4. Los «darwinbots». Una aproximación desde la neurociencia.
5. Los robots y la ética. Las leyes de Isaac Asimov.
6. Niños enseñando a leer a un robot.
7. Niños en los que se resuelven disfunciones con el aprendizaje de la enseñanza y la lectura interactuando con un robot.

BLOQUE V: NEUROEDUCACIÓN (6 ECTS)

1. Neuroeducación I (3 ECTS)

1. Neuroeducación hace referencia a una nueva visión de la enseñanza basada en los conocimientos acerca de cómo funciona el cerebro como proceso evolutivo.
2. Neuroeducación es una disciplina proyectada permanentemente hacia el futuro de la educación y sus constantes cambios y recambios.
3. Neuroeducación es un área de conocimiento nueva que se desarrolla y evoluciona en paralelo al devenir central de nuestros conocimientos acerca de cómo funciona el cerebro (neurociencia) en conjunción con la psicología, la medicina, la sociología, la neuroética, la genética, la epigenética y también del progreso de nuestros conocimientos acerca de la evolución biológica, en particular de la neuropaleoantropología.

4. Neuroeducación es una educación basada en la realidad de la verdadera naturaleza biológica del ser humano, conformada por la interacción de genes en relación constante con el medio ambiente y cultural que los rodea.

5. Neuroeducación es alcanzar a educar a cada persona con el conocimiento profundo de la irrevocable y verdadera individualidad del ser humano, que es diferente, única, nunca repetida.

6. Neuroeducación es aplicar nuestros conocimientos acerca de los códigos cerebrales que durante el desarrollo y la maduración cerebral se ponen en funcionamiento, esperando encontrar con ello los mejores tiempos para introducir enseñanzas con mayor eficiencia y más rendimiento mental.

7. Neuroeducación es estudiar los períodos críticos o más sensibles (ventanas plásticas) durante el desarrollo que nos permitan enseñar mejor cuestiones como el lenguaje, la lectura, la escritura o la matemática.

8. Neuroeducación es conocer los procesos que dan fundamento a la plasticidad cerebral, es decir, los cambios sinápticos y neuroquímicos del cerebro como resultado no solo del cambio general que se produce como consecuencia de lo que se aprende y memoriza, sino de la especificidad cerebral (redes neuronales) de esos cambios neuronales en relación con aprendizajes y memorizaciones específicas.

9. Neuroeducación es un largo capítulo en la educación del ser humano sobre valores y normas que discurre en paralelo al desarrollo cerebral y en el período de la enseñanza en el colegio o los Institutos de Enseñanzas Medias. Períodos que principal-

mente arrancan a los 3-7 años (infantil), seguidos de los 7-18 años (Primaria, ESO y eventualmente Bachillerato) y que incluyen esos delicados tiempos de la pubertad y desde luego los períodos cerebralmente convulsos de la adolescencia.

10. Neuroeducación es enseñar valores y normas de modo continuado y constante en el periodo de 3 a 7 años: temas como la puntualidad; el cumplimiento de compromisos (responsabilidad); el respeto a los tiempos y espacios de los demás; la autosuficiencia (ser capaz de hacer cosas por uno mismo); el autocontrol y la impulsividad; el dominio emocional del lenguaje; la educación cívica (convivencia); el respeto a las normas sociales; la neuroética y sus principios más básicos y elementales. Todo ello seguido (7 a 18 años) de aquellos otros valores que pudiéramos llamar más clásicos y a los que se ha dedicado gran parte de la historia central del pensamiento humano, y que aluden, entre otros muchos, a la libertad, la dignidad, la igualdad, la nobleza, la justicia, la verdad, la belleza o la felicidad.

2. Neuroeducación II (3 ECTS)

1. Reflexión y discusión acerca de nuevos conceptos y estrategias en la clase.
2. Del valor del pensamiento crítico, analítico y creativo.
3. Conceptos de «edad cronológica» versus «edad biológica».
4. Del valor de considerar «la maduración cerebral» (anatomía y funciones de áreas y redes neuronales) de los niños en tiempos diferentes.

5. Reflexión acerca de reestructurar las clases de primaria no por «edades» e individualidades sino por conjuntos de edades:
Clase A: niños con edades de 5, 6, 7 y 8 años.
Clase B: niños de 9 y 10 años.
Clase C: niños de 11 y 12 años.
6. Ventajas y problemas de la equiparación y la interacción de la enseñanza en niños de diferentes edades.

BLOQUE VI:
MAESTRO NEUROEDUCADOR (10 ECTS)

1. **Maestro neuroeducador: una nueva profesión (1 ECTS)**

    1. Neuroeducador: una nueva profesión.
    2. Neuroeducador: un maestro sin clases.
    3. Maestro de referencia: labor presente y futura.
    4. Requerimientos profesionales básicos: capacidad para el trato social y la comunicación interpersonal; capacidad técnica; amor por lo que hace; principios éticos básicos.

2. **Multidisciplinariedad (2 ECTS)**

    1. Neuroeducador: de la convergencia de la neurociencia con la psicología y la medicina.
    2. Neuroeducador: de la convergencia de la neurociencia con la sociología, la ética, la genética y la epigenética.
    3. Neuroeducador: nuevos considerandos acerca de la inteligencia artificial y la robótica.

3. **Neuroeducador: orientador de los problemas del niño en el colegio (3 ECTS)**

   1. Consideraciones a destacar sobre la individualidad humana. Una nueva visión de la enseñanza.
   2. Colaboración y constante interacción con los maestros del colegio.
   3. Concepto de enfermedad. Concepto de síndrome. Conceptos básicos acerca de los principales síndromes relacionados con los procesos de aprendizaje y memoria de los niños, como la dislexia, la disgrafía, la discalculia, etc.
   4. Orientar a los padres hacia la solución (profesionales especializados) de los problemas de los niños en la clase (psicólogos, médicos).
   5. Orientar a los padres en relación con otros síndromes como el autismo, las lesiones cerebrales sutiles, las disfunciones emocionales, los problemas sensoriales, motores o cognitivos.
   6. Orientar y seguir el desarrollo de los niños afectados por síndromes como por ejemplo la hipermotilidad y la desatención en la clase.
   7. Consideraciones en torno a la educación inclusiva. Conceptos. Límites.
   8. Niños superdotados. Problemas. Soluciones.

4. **Neuroeducador: vigilante ante los mitos de la enseñanza en el colegio (2 ECTS)**

   1. Concepto de mito y neuromito.
   2. Detección de falsas verdades en relación con los contenidos tanto de la instrucción como de la educación en el colegio.

3. Ejemplos de algunos neuromitos sobresalientes en la enseñanza en los colegios en un contexto internacional.
4. Consideraciones «positivas» de los neuromitos.
5. Factores que han contribuido a la aceptación de los neuromitos en los centros docentes.
6. El papel especial de la emoción en la prominencia sostenida de los neuromitos en la enseñanza.

5. **Neuroeducador: diseñador o colaborador en el diseño de nuevas estrategias educativas (2 ECTS)**

1. La investigación como elemento o ingrediente de la labor del neuroeducador en un colegio.
2. Del valor de los nuevos estudios conducentes a un acoplamiento entre neuroeducación y educación.
3. De la interacción del neuroeducador con otros colegas de disciplinas diferentes en el diseño de nuevas estrategias educativas.
4. Creación de «un ambiente», «un clima» de «pensamiento científico» (creativo, analítico y creativo) en el colegio.
5. Del valor de la investigación en la creación de una nueva cultura de la ciencia en el colegio y en la sociedad.

BLOQUE VII: NEUROEDUCADOR: UNA VISIÓN DE FUTURO (2 CTS)

1. Consideraciones generales en torno al posible papel del neuroeducador todo a lo largo del arco vital humano.
2. Universidades para mayores y la posible función de un neuroeducador.

3. El neuroeducador como orientador para el incremento del rendimiento mental de la persona mayor: aprender, memorizar, reserva cognitiva.
4. La emoción no envejece: el papel de la emoción en los procesos de aprendizaje y memoria de las personas mayores.
5. Las memorias como ejemplo durante el proceso de envejecimiento:
   Marco Tulio Cicerón, Karl Marx, Santiago Ramón y Cajal, Rita Levi-Montalcini, George Steiner.
6. Consideraciones finales.

PRÁCTICUM (18 ECTS) Y TRABAJO FIN DE MÁSTER (6 ECTS)

El así denominado «Prácticum» hace referencia, en nuestro caso, al trabajo práctico que debe realizar el estudiante del Máster de Maestro Neuroeducador como continuación del Prácticum que ya comenzó con los estudios previos de grado. Se trata de prácticas que tendría que realizar en laboratorios de departamentos universitarios o instituciones de empresas farmacéuticas con laboratorios u hospitales con laboratorios de análisis y experimentación, a los que habría que añadir centros de investigación como el CSIC (Consejo Superior de Investigaciones Científicas) y otros ya descritos en este capítulo a propósito del Grado de Maestro de Primaria. El Prácticum le ayudará a seguir formándose con una ampliación de conocimientos que le permita tomar decisiones de modo más sólido y abordar situaciones escolares en contextos de educación inclusiva y multicultural, así como potenciar sus capacidades sociales para comunicarse con las familias en los distintos ambientes sociales y educativos.

Aprenderá la importancia del liderazgo potenciando las estrategias de creatividad, innovación, trabajo independiente y aprendizaje autónomo. En el terreno científico, será capaz de plantear estrategias didácticas adecuadas a cada caso concreto según directrices procedentes de las ciencias experimentales. Y, por supuesto, alcanzará un sentido ético de la profesión que le permita aplicar los patrones de calidad como eje imprescindible en el ejercicio laboral.

El Trabajo de Fin de Máster (TFM) es un proyecto o una investigación originales donde se integran y se aplican los conocimientos impartidos y cursados en el máster. Es un trabajo diseñado sobre una problemática concreta (siempre referida a la temática de lo aprendido en el máster) y que debe cumplir con los requisitos académicos en lo referente a los métodos y técnicas de investigación. Será realizado de forma individual bajo la supervisión de un director o tutor. En cualquier caso, es importante resaltar que, aunque el supervisor ayude en el diseño y la organización del trabajo, en último caso este será responsabilidad única del alumno, al igual que todo el desarrollo de su proyecto, lo que implicaría la formulación de la cuestión a estudiar con el apoyo y búsqueda previa de fuentes (libros, publicaciones de revistas científicas, recursos audiovisuales, internet). La importancia de esta tesis se asienta en que extiende las habilidades del candidato a neuroeducador para seleccionar y concebir un tema de interés, planificando su estudio y análisis, y, tras determinar unos objetivos, estudiarlos para, finalmente, defender las respuestas lógicas del problema planteado. De este modo, el TFM es un elemento que permite al estudiante desarrollar sus capacidades de análisis, solución de preguntas y presentación de resultados. En concreto, el TFM del Máster de Maestro Neuroeducador supondría un trabajo de 6 créditos ECTS (del total de 60 del máster). Una vez finalizado y redactado, el trabajo se defenderá oralmente ante un tribunal. Cuando se hayan completado todos los créditos y asignaturas, así como el Prácticum y el Trabajo Final de Máster, el alumno obtendría el reconocimiento académico que le habilitaría como titulado para iniciar una nueva profesión como «neuroeducador».

8

NEUROEDUCADOR
Una visión de futuro

Este capítulo es un apunte, una reflexión, acerca de la posible nueva dimensión de la figura del neuroeducador como mirada hacia delante de la educación. Y es que, en los tiempos que se avecinan, la concepción del ser humano sufrirá un cambio profundo. Cambio que llegará como consecuencia de las transformaciones que, a su vez, ya se están produciendo en la cultura en que vivimos y en las que, me atrevo a vaticinar, la figura del neuroeducador jugará un papel importante. Por supuesto, un papel con matices claramente diferentes de los que hemos venido proponiendo para el del neuroeducador en el colegio, pero a fin de cuentas relacionados con la educación. Y me refiero, esta vez, a una educación especial, enfocada hacia esa parte última del «arco vital humano» que es el proceso de envejecimiento. En este sentido, los neuroeducadores bien podrían tener una participación personal más activa: me refiero a una participación como tutores en el contexto de las llamadas «Universidades de mayores» (de ello me ocuparé más adelante), interviniendo en enseñanzas relacionadas fundamentalmente con el aprendizaje de valores y normas acerca de los estilos de vida necesarios para seguir prolongando una existencia que se presume cada vez más longeva y con un alto grado de actividad social, productividad y buena salud mental. Una función, en definitiva, que debería proporcionar enormes beneficios tanto a las personas mayores en sí mismas como a los demás miembros de la sociedad en que viven.

Y de nuevo, en el centro de estas consideraciones, está el cerebro, el cerebro humano y sus cambios y códigos de funcionamiento a lo largo de todo su ciclo vital. En este sentido, son de especial relevancia los códigos que se expresan en la interacción de los individuos con su medio ambiente, es decir, los efectos producidos por el ambiente familiar, social y cultural (lo que tiene como referencia inexcusable a la plasticidad cerebral y la epigenética). El cerebro, con sus directrices genéticas, es un órgano en constante construcción y deconstrucción, con procesos que ocurren en diferentes tiempos funcionales según las redes neuronales específicas de que se trate. Estas construcciones y deconstrucciones nos llevan a ser «nosotros mismos» (cada ser humano) individuos diferentes a todo lo largo de ese «arco vital» en el que transcurre nuestra existencia.

En su trayectoria individual, este «arco vital» del que venimos hablando se suele subdividir en nueve períodos, desde el nacimiento hasta la muerte. De todos ellos, ahora solo me referiré a sus últimas etapas, que son la edad adulta (desde los 25-30 años hasta los 70 años de edad) y la senescencia (que corre de los 70 o 75 años en adelante). En cualquier caso, es claro que la biomedicina y el cambio lento hacia mejores estilos de vida, en particular el valor en alza de las relaciones sociales, el ejercicio físico aeróbico, la lectura diaria (aprender y memorizar) y el control y equilibrio de los nutrientes (más «en verde» y más «mediterráneos») en la ingesta de alimentos, han potenciado el alargamiento de la vida humana. Y esta prolongación de la vida no se ha expresado solo en la «biología» de la persona, sino también en el valor añadido a ello que ha llevado a ese convencimiento general de que «vivir más», en buenas condiciones y con «alegría» y cierta productividad para la sociedad, es posible, y con ello a la querencia por querer seguir «socialmente vivos».

Todo lo que antecede nos permite vislumbrar un cambio «real» en la concepción positiva que comenzamos a tener acerca de este largo período de la vida que venimos comentando. Precisamente, Rita Levi-Montalcini, neurobióloga galardonada con el Premio Nobel en 1986, de quien puedo dar conocimiento personal cercano acerca de lo que fueron sus facultades intelectuales con casi 100 años de edad, comentaba que «el cerebro y sus capacidades se fortalecen con el aprender y memorizar constantes y con seguir alcanzando constantemente logros en la vida». Y sin duda no se trata de «logros» expresados en esas recompensas «crematísticas cotidianas», sino de logros mentales, cognitivos, como bien pudieran ser publicar un libro y ser aplaudido por ello, o recibir una distinción o premio por un trabajo bien hecho o, simplemente, disfrutar de un día de sol con alegría y rodeado de buenos amigos. Todo esto me conduce de nuevo a recordar a Cicerón, esa gran figura humana que tanto he admirado siempre, cuando escribió sobre esta misma temática que «Apio, aun siendo muy viejo, además de ciego, era capaz de gobernar su inmensa hacienda manteniendo la mente activa y tensa como un arco». ¿Qué, si no, mantenía la conducta de Apio más que ese «sentirse profundamente vivo» sin otra posible recompensa a su edad que «esa mirada siempre hacia delante»? Actividad y productividad, aprendizaje y memoria, mantenidos siempre con la curiosidad despierta, con la que es posible potenciar ese aprender y memorizar y su consecuencia, que es la adquisición de nuevos conocimientos que ahuyenten la premiosidad del pensamiento y la conducta del viejo de los que hablaba Cajal en su libro *El mundo visto a los ochenta años*.

Pues bien, en la base de todo ello se encuentra esa energía caliente que es la emoción. Emoción que, como tantas veces he comentado, es aquella energía cerebral inconsciente que «mueve el mundo» y produce y mantiene «esa alerta y ese despertar constante en ese mismo mundo». De todo esto nos hablaba en su tiempo nuestro Santiago Ramón y Cajal, que, al menos en dos reflexiones expresadas en contextos y ocasiones diferentes, escribió lo siguiente:

> Hay que impregnarnos de emoción por las cosas observadas. Hagámoslas nuestras, tanto por el corazón [emoción] como por la inteligencia. Solo así nos entregarán su secreto.

Y también:

> Sentemos una conclusión innegable: el anciano podrá, si duplica o triplica su trabajo, alcanzar en un tema estudiado con cariño [lo que quiere decir emoción positiva] un rendimiento casi tan bueno como el conseguido por el hombre joven o maduro. Todo es cuestión de tiempo, interés, pasión [emoción o sentimiento].

En cualquier caso, lo que quiero resaltar aquí, del modo más contundente posible y avalado por una serie de estudios (Mora, 2017), es que las emociones (emociones positivas, la mirada hacia delante, optimista) no decrecen con la edad, sino que constantemente se recomponen (ante aspectos negativos) y se mantienen. Y, sin duda no parece vano repetirlo, entre todos los elementos que se subrayan como potenciales generadores de esas emociones positivas se encuentran las relaciones sociales. De ahí la necesidad de que la sociedad y la cultura en que se viven influyan en el devenir de una nueva sociedad que conduzca hacia una mayor valoración del envejecimiento activo y colaborativo arropado por las instituciones que correspondan, sean gubernamentales, privadas, fundaciones o, sobre todo y de modo destacado, colegios y universidades. Y en especial estas últimas, las universidades, por su capacidad especial de difusión a través de la educación y los cambios plásticos neuronales que se producen en el cerebro. Es de este modo como se podría alcanzar ese cambio (desde fuera, sociedad, cultura) que reforzara y mantuviera (desde dentro, persona) la emoción de la que hablamos, evocando y potenciando el sentimiento, íntimo y profundo, de «sentirse activo y productivo». Ese mirar «hacia delante con la esperanza de vida abierta» que es lo que, a fin de cuentas, determina, en buena medida, padecer menos enfermedades y disfrutar más de un aumento significativo de esa misma esperanza de vida.

Y ahora me gustaría comentar el posible papel de un neuroeducador, en este contexto de futuro del que venimos hablando, en el marco de las llamadas «Universidades de mayores». Me estoy refiriendo, claro es, a los estudios reglados que, amparados con este título de «Universidades de mayores», no constituyen una universidad reglamentada como tal, sino estructuras o programas que, dentro de una universidad pública, privada o una institución adscrita a ellas, imparten cursos (de materias con un amplio espectro) para personas mayores. Son enseñanzas bastante difundidas que en nuestro entorno europeo se realizan a través de mecanismos como el «LLP» *(Lifelong Learning Programme)*, promocionado por la comisión correspondiente de la Unión Europea, los cursos que ofrece la Organización Mundial de la Salud o, en nuestro país, por su repercusión en particular en la salud mental y a través de múltiples programas, el Instituto de Mayores y Servicios Sociales (Imserso).

Me gustaría pensar que un posible papel a desarrollar por el neuroeducador, más allá del rol de tutores que he señalado anteriormente, fuera el de ser un profesional capaz de contribuir a transformar con el tiempo ese concepto de «Universidad de mayores» (cursos reglados) en una entidad «real» como «Facultad de mayores» dentro y en el contexto estructural de una universidad oficial, pública o privada. Se trataría de profesionales que fueran referentes y tuvieran la capacidad de resolver, más allá de los propios profesores que imparten la docencia, los posibles mitos o falsas verdades que aparecieran en el contexto de los nuevos conocimientos sobre neurociencia que pudieran presentarse. Y también actuar como «tutor general» en lo referente a problemas relacionados con los procesos de aprendizaje y de memoria en las clases de mayores. Y, finalmente, que fuese capaz de participar en el diseño de nuevos estudios o investigaciones, tan necesarios (como ya apuntamos en el contexto de los colegios) para este nuevo capítulo que son los alumnos mayores. En definitiva, un profesional capaz de ayudar en la educación en este período de la vida que es el envejecimiento.

Y ahora quisiera, con un final más distendido, referirme a ese tema tan de impacto durante el envejecimiento (no solo en lo popular y en las conversaciones de la calle, sino, por supuesto, en el contexto de los posibles alumnos de estas Universidades de mayores) que afecta a la memoria y a su incidencia en los procesos de aprendizaje en las clases. La memoria ha sido siempre un tema de importante preocupación, en el que Cajal señalaba que debíamos tener presentes tanto a viejos como a jóvenes. Decía Cajal: «Y es que en el cerebro de los provectos la memoria se mantiene bajo el prisma de tres parámetros: el interés, la emoción y la atención». Hoy conocemos ya bastante acerca del menor rendimiento mental que tienen las personas durante esta última etapa de su vida. Un bajo rendimiento que tiene que ver con el descenso de la capacidad de mantener un buen foco atencional, lo que repercute en los procesos de aprendizaje y memoria del alumno; una memoria disminuida, sin entrar ahora en los muchos tipos de memoria y sus funciones o patologías. Me refiero a ese mundo cotidiano de no recordar nombres de personas, y que incluye esa conducta tan universal de ir al frigorífico a coger algún alimento o bebida concreta para que, cuando llegas y abres la puerta, no sepas qué es lo que tenías que coger de allí. Fenómenos comunes y universales durante el proceso de envejecimiento de los que hoy se conocen bien parte de los substratos neuronales afectados (Mora, 2020).

Por otra parte, son fenómenos que, desde su «fisiología», son muy susceptibles de ser mejorados a través de hábitos y ejercicios mentales, y este es el motivo por el que los menciono aquí, ahora, especialmente. Y es que no deja de ser curioso que personajes como Karl Marx, Marco Tulio Cicerón, George Steiner (por poner ejemplos relevantes) y otras muchas gentes (en particular un buen amigo) desarrollaran sus propios ejercicios para ello. Así, se dice que Karl Marx, para tratar de conservar y potenciar su memoria, cuando fue consciente de su declinar, comenzó a memorizar una lista de diez nombres de personas u objetos, repitiéndolos hasta recordarlos. Lo hacía todos los días antes de irse a la cama. Cicerón, por su parte, tras señalar que la memoria disminuye con la edad «solo si no se la trabaja, o si se es perezoso o si no se tiene una buena educación», hacía ejercicios mentales con esta finalidad:

> Y para ejercitar la memoria —escribía—, lo que he dicho u oído durante el día en latín lo recuerdo y repito por la tarde utilizando el griego [...] y es que, además —señalaba—, hay que ejercitar y entrenar el intelecto, pues es verdad que, con las carreras de la mente, sudando y esforzándome en ellas, no echo mucho de menos la falta de fuerzas del cuerpo.

También el pensador británico George Steiner escribió que él todos los días hacía ejercicios de memoria consistentes en copiar algunos parágrafos de otros autores y traducirlos a las cuatro o cinco lenguas que conocía bien. Y también, según escribió en una ocasión, «lo que hago otras veces para ejercitar la memoria es recitar el calendario revolucionario francés». Y no quiero dejar de citar lo que, para mi sorpresa, me dijo una vez un buen amigo acerca de los ejercicios que también él practicaba con esa finalidad: su método consistía en escribir, en un idioma diferente al suyo, el padrenuestro y a partir de ahí recitarlo, leyéndolo, una o dos veces cada noche antes de dormir. Y una vez que lo había memorizado bien, lo repetía mentalmente, y tras ello recomenzaba la misma operación con otro idioma nuevo. Y así, cada noche repetía, junto al aprendizaje del idioma nuevo, todos los padrenuestros previamente aprendidos. Mi sorpresa vino un día, cuando me dijo, al yo preguntarle, que ya llevaba memorizada una lista de más de quince padrenuestros en idiomas diferentes, entre ellos el arameo, el hebreo o el griego.

Quizá lo interesante de todo esto es que memorizar, a través de ejercicios como los que acabamos de describir, aumenta lo que se conoce como «reserva cognitiva», que a su vez es de una ventaja enorme para los períodos más avanzados del proceso de envejecimiento. Quizá por ello George Steiner señalaba que no se está haciendo bien en la educación actual con esa tendencia «a no memorizar, dado que ya existe internet para eso», en lugar de continuar ayudando, como en otros tiempos, a que la memoria se ejercite constantemente.

Para terminar, querría hacer énfasis en aquello que hemos venido considerando a lo largo de todo este libro acerca de la neuroeducación y los neuroeducadores. Me refiero a poner una mirada importante al menos en esos dos largos períodos, principio y final de la vida humana, fundamentándolos en esa base sólida que es por un lado la educación y, por otro, los conocimientos presentes y futuros que la neurociencia proporciona

acerca de cómo funciona el cerebro humano. En esto, como señaló Rita Levi-Montalcini, «la apuesta de la partida que juega el
hombre es alta: transformar la vejez, de la etapa más temida y
penosa de la vida, en la más serena y no menos productiva que
las anteriores».

BIBLIOGRAFÍA

Abbott, A. (2012): «Mind-controlled robots arms show promise». *Nature* 10, 1038.

Abu-Mostafa, Y. S. (2012): «Machines that think for themselves». *Scientific American* 272, 64-67.

Adolphs, R., Tranel, D., Damasio, H., y Damasio, A. (1994): «Impaired cognition of emotion in facial expressions following bilateral damage to the human amigdala». *Nature* 372, 669-672.

Agnati, L. F., Anderlini, D., Guidolin, D., Marcoli, M., y Maura, G. (2021): «Man is a "Rope" stretched between virosphere and humanoid robots: On the urgent need of an ethical code for ecosystem survival». *Foundations of Science.* http://doi.org/10.1007/s10699-021-09796-z.

Alberts, B. (2009): «Editorial: Redefining Science Education». *Science* 323, 437.

— (2010): «Editorial: Prioritizing Science Education». *Science* 328, 405.

Anderson, W. A., Benerjee, U., Drennan, C. L., Elgin, S. C. R., Epstein, J. R., Handelsman, J., Hatfull, G. F., O'Dowd, G. K., Olivera, B. M., Strobel, S. A., Walker, G. C., y Warnee, I. M. (2011): «Changing the culture of science education at research universities». *Science* 331, 152-153.

Ansari, D., y Koch, D. (2006): «Bridges over trouble waters: Education and Cognitive Neuroscience». *Trends in Cognitive Neuroscience* 10, 146-151.

Arnsten, A. F. T., y Rubia, K. (2012): «Neurobiological circuits regulating attention, cognitive control, motivation and emotion: disruptions in neurodevelopmental psychiatric disorders». *J. Am. Acad. Child Adolesc. Psychiatry* 51, 356-367.

Asimov, I. (2004): *I, Robot.* Bantam Books. Nueva York.

Beduschi, A. (2020): «Human rights and governance of artificial intelligence». http://hdl.handle.net/10871/41078.

Benarós, S., Lipina, S. J., Segretin, M. S., Hermida, M. J., y Colombo, J. A. (2010): «Neurociencia y educación: Hacia la construcción de puentes interactivos». *Neurología* 50, 179-186.

Berrezueta-Guzmán, J., Pau, I., Martín-Ruiz, M. L., y Bocanegra, N. M. (2021): «Assessment of a Robotic Assistant for Supporting Homework Activities of Children With ADHD». *IEEE Access,* vol. 9, 93450-93465.

Bob, P., Konicarova, J., y Raboch, J (2021): «Disinhibition of primitive reflexes in Attention Deficit and Hyperactivity Disorder: Insight into specifics mechanisms in girls and boys». *Front. Psychiatry.* Doi. org/103389/fpsyt.2021.430685.

Bruer, J. T. (2007): «Education and the Brain: A bridge too far». *Rev. Research Education* 26, 4-16.

Burke, S. N., y Barnes, C. A. (2006): «Neural plasticity in the ageing brain». *Nature Re. Neurosci.* 7, 30-40.

Cajal, S. R. (1915): Entrevista «Después de la paz». *Semanario España,* número 3.

Carroll, J., McAdams, D. P., y Wilson, E. O. (eds.) (2016): *Darwin's bridge: Unifying the humanities and sciences.* New York University Press. Nueva York.

Carstensen, L. I., Hung, H. H., y Charles, S. T. (2003): «Socioemotional selectivity theory and the regulation of emotion in the second half of life». *Motivation and Emotion* 27, 103-123.

Castelletti, C., Martin-Maria, N., Cresswell-Smith, J., Forsman, A. K., Nordmyr, J., Adanes, M., Donisi, V., Amadeo, F., Miret, M., y Lara, E. (2021): «Comprehending socio-relational factors of mental wellbeing in the oldest old within nordic and mediterranean countries». *Ageing and Society,* 1-21.

Chan, E. K. F., Timmermann, A., Baldi, B. F., Moore, A. E., Lyons, R. J., Sum-Seon, L., Kalsbeek, A. M. F., Petersen, D. C., Rautenbach,

H., Förtsch, H. A., Borman M. S. R., y Hayes, V. M. (2019): «Human origins in a southern African paleo-wetland and first migrations». *Nature* 575, 185-189.

Chomsky, N. (1995): *El instinto del lenguaje.* Alianza Editorial. Madrid.

— (2015): «Aprendemos juntos. Entrevista» (27 de mayo de 2015). https://www.youtube.com/watch?v=eYHQcXVp4F4.

Churchland, P. S. (1986): *Neurophilosophy: Towards a unified science of the mind-brain.* MIT Press. Cambridge, Massachusetts.

— (2002): *Brain-wise. Studies in Neurophilosophy.* MIT Press. Cambridge, Massachusetts.

Cruickshank, W. M. (1981): «A new perspective in Teacher education: The neuroeducator». *J. Learning Disabilities* 14, 337-367.

Damásio, A. (1999): *The feeling of what happens.* William Heinemann. Londres.

Danner, D. D., Snowdown, D. A., y Friesen, W. V. (2001): «Positive emotions in early life and longevity: findings from the nun study». *J. Personality Social Psychol.* 80, 804-813.

Darwin, Ch. (1993): *Autobiography.* Ed. de Nora Barlow. W. W. Norton Company. Nueva York.

— (1998): *La expresión de las emociones en el hombre y los animales.* Alianza Editorial. Madrid.

Dehaene, S. (2014): *Consciousness and the brain: Deciphering how the brain codes our thoughts.* Penguin Books. Londres.

DeSouza, D., Robin, J., Gumus, M., y Yeung, A. (2021): «Research trends and hotspots on Montessori intervention in patients with dementia from 2000 to 2021: A bibliometric analysis». *Frontiers Psychiatry.* Doi.org/ 10.3389/fpsyt.2021.737270. eCollection 2021.

Durant, J., e Ibrahim, A. (2021): «Celebrating the culture of Science. Editorial». *Science* 331, 1242.

Feldon, D. F., Maher, M. A., y Timmerman, B. E. (2010): «Performance-based data in the study of STEM Ph.D. Education». *Science* 329, 282-283.

Fernández de Molina, A. (1998): «Cerebro y Sentimientos». En F. Mora y J. M. Segovia de Arana (coords.): *Desafíos del conocimiento ante el tercer milenio.* Fundación BSCH+Ediciones Nobel. Oviedo.

Fischman, W., y Barendsern, L. (2007): «The GoodWork toolkit: From theory to practice». En H. Gardner (ed.): *Responsibility at work: How leading professionals act (or don't act) responsibly.* Jossey-Bass. San Francisco.

Fjeld, J., Achren, N., Hilligoss, A., Nagy, A., y Srikumar, M. (2020): «Principled artificial Intelligence: Mapping consensus in ethical and rights-based approaches for AI». *Berkman Lein Center Research Publications.*

Fuller, J. K., y Glendening, J. G. (1985): «The neuroeducator: Professional of the future». *Theory and Practice* 24, 135-137.

García-Lorenzana, F. (2017): *Ramón y Cajal. Un Nobel de antología.* Plataforma Ed. Barcelona.

Gardner, H. (2008): «Quandaries for Neuroeducators». *Mind, Brain and Education* 2, 165-169.

Gargot, Th., Asselborn, Th., Zammouri, I., Brunelle, J., Johal, W., Dillenbourg, P., Archambault, D., Chetouani, M., Cohen, D., y Anzalone, S. M. (2021): «"It is not the robot who learns, it is me": Treating severe dysgraphia using child-robot interaction». *Front. Psychiatry.* https://doi.org/103389/fpsyt.2021.596055.

Gazzaniga, M. S. (2005): *The ethical brain.* Dana Press. Nueva York.

Gisolfi, C. V., y Mora, F. (2000): *The Hot Brain.* MIT Press. Cambridge, Massachusetts.

Guthrie, S. E. (1997): «Anthropomorphism: A definition and a theory». En R. W. Mitchell, N. S. Thopson y H. L. Miles (eds.): *Anthropomorphism. Anecdotes and animals.* State University of New York Press. Albany.

Hirsh-Pasek, K., y Bruer, J. T. (2007): «The Brain/Education Barrier». *Science* 317, 1293.

Howard-Jones, P. A. (2014): «Neuroscience and education: Myths and messages». *Nature Neurosci. Rew.* 15, 817-824.

Hudlicka, E. (2017): «Computational modelling of cognitive-emotion interactions: Theoretical and Practical relevance for behavioural healthcare». En M. Jeon (ed.): *Emotions and affect in human factors and human-computer interaction.* Academic Press, pp. 383-436.

Huxley, A. (2003): *Un mundo feliz.* Debolsillo. Barcelona.

James, W. (1884): «What is an emotion?». *Mind* 9, 188-205.

Jobin, A., Ienca, M., y Vayena, E. (2019): «The global landscape of IA ethics guidelines». *Nature Machine Intelligence* 1, 389-399.

Jones, T. J., Jambon-Puillet, E., Marthelot, J., y Brun, P.-T. (2021): «Bubble casting soft robotics». *Nature* 599, 229-233.

Kandel, E. R., Koester, J. D., Mack, S. H., y Siegelbaum, S. A. (2021): *Principles of neural science.* Sexta edición. McGraw-Hill. Nueva York.

Kant, I (2003): *Pedagogía.* Akal. Tres Cantos.

Lander, E. S., y Gates, S. J. (2010): «Prepare and inspire. Editorial». *Science* 330, 151.

LeDoux, J. (1999): *El cerebro emocional.* Ariel. Barcelona.

Llinás, R., y Churchland, P. S. (1996): *The Mind-Brain Continuum.* MIT Press. Cambridge, Massachusetts.

Loh, K. K., y Kanai, R. (2016): «How has the internet reshaped human cognition?». *Neurocientist* 22, 506-520.

López de Mántaras, R. (2015): «Algunas reflexiones sobre el presente y futuro de la Inteligencia Artificial». *Novatica* 234, 97-101.

López-Sastre, R. J., Baptista-Rios, M., Acevedo-Rodríguez, F. J., Pacheco-da-Costa, S., Maldonado-Bascón, S., y Lafuente-Arroyo, S. (2021): «A low cost assistive Robot for children with neurodevelopmental disorders to aid in daily living activities». *Int. J. Environ. Res. Public Health* 18, 3974.

Lum, H. C. (2020): «The role of consumer robots in our everyday lives». En R. Pak, E. de Visser y E. Rovira: *Living with robots.* Academic Press. Cambridge, Massachusetts, pp. 141-152.

Macho, M. (2021): *Matemáticas y literatura.* Catarata. Madrid.

Maroulis, S., Guimera, R., Petry, H., Stringer, M. J., Gómez, L. M., Amarai, L. A. M., y Wilensky, U. (2010): «Complex systems view of educational policy research». *Science* 330, 38-39.

Merle-Beral, H. (2018): *17 Mujeres Premios Nobel de Ciencia.* Plataforma Editorial. Barcelona.

Mill, J. S. (1977): «Essays on Equality, Law and Education». En *Collected works of John Suart Mill* (Ed. J. M. Robson), vol. XXI. Toronto University Press, pp. 50-300.

— (2013): *Sobre la libertad.* Alianza Editorial. Madrid.

Mira, J. (1999): «Inteligencia artificial, emoción y neurociencia». *Arbor* 640, 473-506.

Mois, G., y Beer, J. M. (2020): *Living with robots.* Elsevier Academic Press. Londres, Nueva York.

Mora, F. (ed.) (1995): *El problema cerebro-mente.* Alianza Editorial. Madrid.

— (2006): *Los laberintos del placer en el cerebro humano.* Alianza Editorial. Madrid.

— (2007): *Neurocultura.* Alianza Editorial. Madrid.

— (2008): Discurso de concesión del Doctorado Honoris Causa a la Profesora Rita Levi-Montalcini (Premio Nobel 1986) por la Universidad Complutense de Madrid (23 de octubre de 2008).

— (2008): *El reloj de la sabiduría.* Alianza Editorial. Madrid.

— (2012): «Presentación». En Cicerón: *Sobre la vejez. Sobre la amistad.* Alianza Editorial. Madrid.

— (2013): «¿Qué es una emoción?». *Arbor* 189, 1-6.

— (2016): *Cuando el cerebro juega con las ideas.* Alianza Editorial. Madrid.

— (2017): *Ser viejo no es estar muerto.* Alianza Editorial. Madrid.

— (2018): *Mitos y verdades del cerebro.* Paidós. Barcelona.

— (2020): *¿Se puede retrasar el envejecimiento del cerebro?* Alianza Editorial. Madrid.

— (2020): *Neuroeducación y lectura.* Alianza Editorial. Madrid.

— (2021): *Neuroeducación.* Tercera edición. Alianza Editorial. Madrid.

—, y Sanguinetti, A. M. (2004): *Diccionario de Neurociencia.* Alianza Editorial. Madrid.

Pennisi, P., Tonacci, A., Tartarisco, G., Billeci, L., Ruta, L., Gangemi, S., y Pioggia, G. (2016): «Autism and social robotics: A systematic review». *Autism Res.* 9 (2), 165-183.

Perry, C. J., Baciadonna, L., y Chittka, L. (2016): «Unexpected rewards induce dopamine-dependent positive emotion-like state chages in bumblebees». *Science* 353, 1529-1531.

Pfeifer, R., y Bongard, J. (2007): *How the body shapes the way we think: a new view of intelligence.* MIT Press. Cambridge, Massachusetts.

Pivetti, S. D., Agatolio, F., Simaku, B., Moro, M., y Menegatti, E. (2020): «Educational robotic for children with neurodevelopmental disorders: A systematic review». *Heliyon 6,* octubre. /doi.org /10.1016/j.heliyon.2020.e05160.

Robinson, K. (2021): *Escuelas creativas.* Debolsillo. Barcelona.

Rolls, E. T. (1999): *The Brain and Emotion.* Oxford University Press. Oxford.

— (2021): «The neuroscience of emotional disorders». *Handbook of Clinical Neurology* 183, 1-26.

Roskies, A. (2002): «Neuroethics for the new millennium». *Neuron* 35, 21-23.

Rubia, K. (2021): «Neuroimaging and neurotherapeutics for Attention Deficit Hyperactivity Disorder (ADHD)». *Anales RANM.* DOI: 10.32440/ar.2021.138.02.rev02.

Ruiz-Primo, M. A., Briggs, D., Iverson, H., Talbot, R., y Shepard, A. (2011): «Impact of undergraduate science course innovations on learning». *Science* 331, 1269-1270.

Sagan, C. (1995): *El mundo y sus demonios.* Ed. Drakontos, Barcelona.

Santiago Declaration, The (2007): www.SantiagoDeclaraton.org.

Science, Special Section (2010): «Epigenetics». *Science* 330, 551-688.

Searle, J. R. (1980): «Minds, brains and programs». *Behavioural and Brain Sciences* 3, 417-457.

Shaw, P., Greenstein, D., Lerch, J., Clasen, L., Lenroot, R., Gogtay, N., Evans, A., Rapoport, J., y Giedd, S. J. (2006): «Intellectual ability and cortical development in children and adolescents». *Nature* 440, 676-679.

Sheridan, T. B. (2020): «A Review of recent research in social robotics». *Current Opinions in Psychology* 36, 7-12.

Simos, P. G., Fletcher, J. M., Bergman, E., Breier, J. I., Foorman, B. R., Castillo, E. M., Davis, R. N., Fitzgerald, M., y Papanicolau, A. C. (2002): «Dyslexia-specificbrain activation profile becomes normal following successful remedial training». *Neurology* 58, 1203-1213.

Stern, E. (2005): «Pedagogy meets neuroscience». *Science* 310, 745.

Tomasello, M., Call, J., y Hare, B. (2003): «Chimpanzees understand psychological states. The question is which ones and to what extent». *Trends Cogn. Sci.* 7, 153-156.

Trillas, E. (1995): «Pero ¿le importa a la inteligencia artificial el problema cerebro-mente?». En F. Mora, *El problema cerebro-mente.* Alianza Editorial. Madrid.

Valenstein, E. S. (1973): *Brain control.* John Wiley and Sons Inc. Nueva York.

Wilson, E. O. (1998): *Consilience.* Alfred A. Knopp. Nueva York.

— (2004): *The Human Nature.* Harward University Press. Harvard.

— (2014): *The meaning of human existence.* Liveright. Nueva York.

— (2018): *Los orígenes de la creatividad humana.* Crítica. Barcelona.

Zeki, S. (1995): *Una visión del cerebro.* Ariel. Barcelona.

— (2004): «Esplendores y miserias del cerebro». En F. Mora (ed.): *Ciencia y sociedad: nuevos enigmas científicos.* Fundación FSCH. Madrid.

—, y Goodenough, O. (2006): *Law and the Brain.* Oxford University Press. Oxford.

ÍNDICE ANALÍTICO

ÍNDICE ONOMÁSTICO